中国基金业人物志

（1998～2013）

杨 波 著

中国金融出版社

责任编辑：石　　坚
责任校对：潘　　洁
责任印制：毛春明

图书在版编目（CIP）数据

中国基金业人物志（Zhongguo Jijinye Renwuzhi）：1998~2013/杨波著.—北京：中国金融出版社，2014.3
ISBN 978-7-5049-7160-9

Ⅰ.①中…　Ⅱ.①杨…　Ⅲ.①证券投资—投资基金—金融工作者—列传—中国—1998~2013　Ⅳ.①K825.34

中国版本图书馆 CIP 数据核字（2013）第 243106 号

出版
发行　中国金融出版社

社址　北京市丰台区益泽路 2 号
市场开发部　（010）63266347，63805472，63439533（传真）
网上书店　http://www.chinafph.com
　　　　　　（010）63286832，63365686（传真）
读者服务部　（010）66070833，62568380
邮编　100071
经销　新华书店
印刷　北京侨友印刷有限公司
尺寸　169 毫米×239 毫米
印张　14.75
字数　187 千
版次　2014 年 3 月第 1 版
印次　2014 年 3 月第 1 次印刷
定价　78.00 元
ISBN 978-7-5049-7160-9/F.6720
如出现印装错误本社负责调换　联系电话（010）63263947

纪念中国证券投资基金业

规范发展15周年

证券时报社

中国基金报

香山财富论坛

中国金融技术研究院　　　　　　联合策划

银河证券基金研究中心

中国证券投资基金年鉴

纪念中国证券投资基金业规范发展 15 周年

丛书编委会

主编：马庆泉　史月萍　魏革军

编委：陈礼华　林传辉　张后奇　胡立峰　杨　波
　　　付建利　黄　霞　赵　君　刘　钊

中国基金业人物志（1998~2013）作者

杨　波

序　言

在中国规范的证券投资基金业发展史上，2013 年是一个值得纪念的年份。以 1998 年 3 月 27 日第 1 只规范的证券投资基金成立为标志，中国证券投资基金业规范发展走过了第 15 个年头。第一代基金人，把自己最宝贵的青春年华，献给了中国证券市场这一开创性的事业。

作为亲身经历了这一波澜壮阔历史过程的见证者，我和一些基金业的朋友深深感到，自己有责任为这段历史做点什么。我曾经参与嘉实基金公司的筹建并担任过其第一任董事长；我曾经在第二届中国证券业协会秘书长任上，受时任证监会基金部主任李正强先生委托，组建中国证券业协会基金公会，记得当时是范勇宏先生任会长；其后，我又曾受庄心一会长委托，组建证券投资基金业专业委员会并任主任；自 2005 年起，我还在广发基金公司董事长任上工作了 6 年时间。我在这 15 年中接触过许多基金业的朋友，见证了他们的艰苦奋斗、筚路蓝缕、开拓辉煌；亲眼看到他们如何从风华正茂的青年，成长为管理上千亿元资金的职业经理人。与此同时，我也知道他们的酸甜苦辣，目睹了有些朋友的商海浮沉，也看到了一些朋友的两鬓渐渐出现的丝丝霜发。

与此相伴的，是中国证券投资基金业从零开始，今天的资产管理达到 4 万亿元规模的历史成就。

2012 年底，我和几位朋友提议在中国基金业规范发展 15 周年的时候，编写几本文集，作为对这一段历史的纪念。这个想法得到了《证券时报》史月萍编委、中国金融出版社魏革军社长的认同和支持。2013 年 1 月，我们征求了多方面的意见，并约集了若干专家组成了编委会。

经过多次讨论，编委会确定了《中国基金业人物志》《中国基金业简史》《中国基金业发展掠影》三本书的编写计划。在此需要说明的是，在丛书书名中我们没有使用"证券投资基金"的字眼，而是直接使用"基金"的称呼，是考虑到习惯叫法，因为在我国，证券投资基金是基金的主体，人们平常所说的基金主要就是指证券投资基金。

《中国基金业简史》和《中国基金业发展掠影》在确定了写作框架和组织了写作班子后，有条不紊地推进，而《中国基金业人物志》的编写却相对有些困难。这主要是关于入志的人物确定，使编委会颇感踌躇。在这样一个群体中，许多精英头上都顶着业绩的光环，而一本小书显然无法把他们尽收眼底。经过反复研究，最终编委会决定的取舍标准是，入志的人物需要满足三个条件：（1）他们必须在基金业从业 10 年以上。（2）他们应当在所在的基金公司中担任总经理职务 2 届以上。（3）他们所领导的公司应当在行业排序中位居前 15 位。根据这个原则确定了几位人选之后，又根据专家意见和银河证券基金研究中心的客观数据排名，确定了三位基金经理进入入选名单。

以后的工作就是按部就班了。在这里，编委会感谢丛书的各位作者在采访和写作以及编辑工作中所付出的辛劳，感谢各位传主在采访过程中给予的积极配合，感谢中国金融出版社的大力支持。你们的付出，使本丛书的出版计划得以实现。我们深信，在后来的专家学者研究中国资本市场发展、研究中国证券基金业早期历史的时候，本丛书将是他们的案头必备。

借丛书出版的机会，感谢这个时代，感谢我曾有幸与之共事的所有朋友。

马庆泉

2013 年 12 月 22 日，冬至日，于北京

目　录

肖风

博观而约取，厚积而薄发——博时基金如是，肖风亦如是。

君子藏器于身，待时而发——肖风如是，博时基金亦如是。

博文待时，出类拔萃，成功之道，蕴乎其中。

肖风：博我以文　待我以时

"我发誓，一定要把这件坏事变成好事。" 2001 年 3 月 24 日，在博时基金公司会议室，肖风沉重而坚定地对全体员工说："一叶可以障目，让我们以为那就是天；如果我们让那片树叶随风飘落，那就是美丽的风景之一。"

这件事就是当时轰动一时的"基金黑幕"事件。2000 年 10 月，《财经》杂志刊登《基金黑幕》一文，在基金业甚至全社会都引起了轩然大波，随着事件的不断发酵，2001 年初，证监会决定立案调查这一事件。博时基金接到通知，立即召开全体员工大会，时任博时基金总经理的肖风说出了上面一段斩钉截铁的誓言，许多博时老员工对此仍记忆犹新。

之后 10 年，肖风倾尽全部心血与赤诚兑现了他的誓言。他带领博时基金一路向前，始终处在行业最前沿。

"坏事可以变好事，只要你能够认真、理性、虚心地去反省，坏与好是可以转化的。" 2013 年阳春三月一个温暖的午后，在黄浦江边万向大厦顶层的办公室，聊起往事，肖风甚觉欣慰，他目前的身份是万向控股公司副董事长兼执行董事，"一旦把坏事变成好事，就是你人生最大的一笔财富，也是你人生最值得骄傲的地方。" 无疑，此时的肖风可以名至实归地坐拥这笔巨大的人生财富，但是，回首向来萧瑟处，甘苦唯有寸心知。

少年肖风
从工厂到大学

肖风的故事，要从1976年说起。

那一年，初中毕业的肖风，承受了人生最大的痛苦——失去父亲。父亲的去世，给少年肖风带来了心灵上难以名状的痛苦，也带来了生活上的严峻考验，15岁的他，被迫中断了学业，离开了刚坐了三个星期的高中课桌，以"文革"中独有的顶替招工的方式走进了江西省万安县国营农机修造一厂学开磨床，做起了学徒。

肖风一家三兄弟都还在读中学和小学，当时处于"文革"末期，高中毕业后仍要上山下乡。回城的途径除招工外只有推荐做工农兵大学生了。他的母亲告诉他，将来三兄弟都从农村回城肯定不现实，如果利用当时的父母退休儿女顶替参加工作的制度，可以解决他这个老大的留城问题。

"那时候还有上山下乡，进工厂可以躲避下乡，是最好的选择了。"肖风苦笑着说。

这正是中国政治经济巨变的前夜。1976年，伟大领袖毛主席逝世，之后是打倒"四人帮"，邓小平复出。

1977年，停止了10年的高考制度恢复，1978年应该是肖风高中应届毕业参加高考的年份。看到他那些完成高中学业的要好的同学们纷纷成为"大学生"，这位昔日的班长，很是落寞了一段时间。在欢送完一批儿时玩伴上大学之后的一天晚上，他对母亲说："我也想考大学！"自小肖风就以学习成绩优秀而成为同学们的班长，他的想法自然得到了母亲的支持。从那天开始，肖风宿舍的灯光总要亮到深夜十二点之后。

在持续几个月白天上班晚上自学之后，1979年春节后，肖风请了半年假停薪留职，开始自学高中课程。有问题再找中学老师请教。"这么短的时间，学高中理科的课程肯定来不及，只能考文科了，语文政治还有点基本功，自己拼命看，估计能赶上。"肖风回忆道。

肖风的父亲是解放前的大学生，英语系毕业，在中学当教师，解放前就做到中学校长，曾在江西吉安白鹭州中学做过校长，那是中国历史上著名的书院之一，文天祥读书的地方。"文革时，赋闲在家的父亲买了英语九百句之类的书要教我们，我们都反对，没学。"虽然那个荒唐的时代阻碍了求知的脚步，但毕竟身上还流淌着父辈聪慧的血脉。功夫不负有心人，1979年夏，初中毕业的肖风，仅仅准备了半年时间，就考上了江西师范学院中文系，足以告慰先父的在天之灵。

流光溢彩的四年大学生活很快过去了。毕业后，肖风被分配到吉安师范专科学校中文科当老师，一切似乎都顺理成章。但对于天生善于捕捉机会、创造机会的青年肖风来说，却又似乎少了什么。

20世纪80年代，中国经济改革的春风吹遍了大江南北，在吉安做了六年多老师的肖风，也备受感染，当时流行一首齐秦的歌——"外面的世界很精彩，外面的世界很无奈"，唱出了那代人的心声。不管精彩还是无奈，他对外面世界的渴望越来越强烈。

下海深圳
结缘证券业

1989年4月，就像十年前高考前夕毅然停薪留职一样，此时的肖风又以超乎寻常的决绝告别了安逸的工作与温暖的家庭——贤惠的妻子和年幼的女儿。肖风带着对新世界的憧憬，也带着全家的希望，一头扎进了下海大军的滚滚潮流。他来到了经济特区——深圳，作为改革开放的前沿阵地，那时的深圳喧嚣而忙碌，既苍凉简陋，又生机盎然。似乎所有的梦想都可以在这海天之间野蛮生长、逆风飞扬。

如同当时的所有下海者一样，肖风并没有明确的目标，留下就是硬道理，只要能踏上这辆改革开放的特快列车，希望一定就在不远的前方。肖风计划在深圳呆 10 天，以当时的城市规模，上海宾馆之外就是郊区，应该足以跑遍全深圳了。那时还没有人才交流中心，他就自己打印好厚厚的简历，在南国的梅雨中早出晚归，坐着屈指可数的中巴车，沿着深南大道，一家家公司敲门推销自己，西到蛇口东到沙头角，不管是街头小广告还是老乡同学的口耳消息，听说哪里有招聘信息，立马赶去再说。

时间一天天过去，兴奋与希望开始减退，代之而起的是疲惫与惆怅，千里马常有而伯乐不常有。终于，在来到深圳的第 9 天，或者说即将准备离开深圳的前一天，肖风听说康佳在招人。那时的康佳作为彩电行业龙头，红遍中国。而当时从上海宾馆到康佳所在的华侨城，中巴车要跑半小时，走走停停，随时有与肖风同样的赶海者不断招手上车或者半途"下落"，雨天是泥水路，晴天则一骑绝尘；等车的时间通常很长，长到足以展望一生也铭记一生。说起往事，肖风笑了，"康佳正好要招办公室秘书，我的简历资料中有一张江西省团省委颁发的'新长征突击手'证书，康佳总经理办公室面试我的秘书正好是那张证书的填写者。他一年前也刚从江西来深圳寻梦。这样我就留下来了。那位老乡说：'在填写你的证书的时候我们还议论过，这个肖风怎么是个男的。'"被许多小公司拒之门外之后，却被这家大公司顺利接纳，也许是肖风命中注定要与证券结缘。

肖风在康佳总经理办公室做起了文字秘书，主要替公司写各种报告、对外宣传、上级汇报的材料等，对于中文系的才子来说，这一切都轻车熟路，得心应手，结果没多久他就成了董事会、总经理办公会的会议纪要员，可以零距离地与所有的高管接触，这意味着较其他岗位拥有更多胜出的机会。后来包括万科在内的深圳很多大集团的职业经理都从文秘或者宣传岗位产生，道理正在其中。

1990 年初，公司董事会开会讨论要发股票上市，一家电视机企业，没有学金融懂股票的，找谁来筹备呢？正在委决不下的时候，领导看了一眼坐在旁边做会议记录的肖风——才思敏捷而又勇于创新，命运之神的垂青悄然降临，就让肖风参与筹备吧。看似偶然的机缘成就了必然的宿命。于是，公司财务总监带领肖风和另外一位同事组成了三人筹备小组。就这样，肖风一脚踏进了职业生涯的新起点——证券业。

1991年，康佳B股上市，1992年初A股挂牌。肖风成了国内最早一批从股份制改造到股票发行全程参与的先行者，因此一役，顺利荣升为康佳董事会秘书兼股证委员会主任。他从事着当时开风气之先的证券业务，又兼每月3 000多块钱的高薪，相当于老家教职的十倍还多，而那时来深圳不过两年，在二十多年前，足可谓春风得意，肖风的下海梦看来已经非常圆满了。

那时，证券市场的监管工作由中国人民银行主管。人民银行深圳分行为加强上市公司监管工作，希望找一位全程参与过企业股份制改造与股票发行工作的人。时任人民银行深圳分行证券管理处副处长的张国庆，后来的君安教父、中国证券市场的风云人物看上了肖风。当然，幸运之神通常不会像圣诞老人那样配上招牌式的装备让人一望可知，更多的时候都会扮成一副冷峻的面孔考验我们的决心与眼力。"当时张国庆让我仔细想想，因为到人民银行每月就只有八百多块钱，比在康佳少多了，而且要从科员做起。"换而言之，已经到手的职位和收入都必须先舍掉，这在很多人来看，即使在今天，仍然都是很难的抉择，但对肖风来说却不是问题，因为从少年开始，他就不断游走在舍得之间：如果十五岁时不舍弃中学，就难以留城，如果不舍弃工厂就无法高考，如果不舍弃教师的工作就无法南下，当然，如果不舍弃眼下的高薪，就难以有更大的发展。小舍小得，不舍不得，唯有大舍才能大得。

肖风没有丝毫犹豫，"虽然收入差距很大，而且还要从最基层做起，但我觉得证券业未来的发展空间很大，关键是要站对地方，钱多少，职位高低，不那么重要。"后来的经历果然印证了肖风的长远眼光，这正是他舍得哲学的精华，以后还将一再被验证。

1993年4月1日，深圳证券管理办公室（以下简称深圳证管办）成立。其主要人员来自深圳体改委企业处和人民银行深圳分行证券处。肖风顺理成章地来到了证管办，在证券行业的风口浪尖，弄潮儿向涛头立，一干就是六年，学习了足够的专业知识，也积累了丰富的经验，1997年，由于出色的工作表现，肖风升任深圳证管办副主任。

筹备博时
走进基金业

1998年，中国基金业破茧而生。国泰、南方、华夏相继成立。

如何更好地保护持有人利益，成为监管部门关注的重要问题。那时，有关领导认为，基金公司为公众理财，从对持有人负责的角度考虑，应适当限制股东的权力和防止股东干预基金公司的日常经营管理。因此，证监会相关部门有意从证券监管系统内抽调专人来筹办一家股权均等的基金公司作为试点。

这一次仍然是机遇偏爱有准备的人。肖风回忆说，"我首次认识基金经理这类人是在1991年。当时，我正在筹备康佳集团的B股发行。记得当时的B股承销商渣打银行从香港拉了两个大巴，七八十人的分析员和基金经理来康佳实地调研。双方都很兴奋，香港的国际投资者第一次有机会投资在内地交易所挂牌的中国股票，我们也第一次知道原来炒股票的还有一类人叫机构投资者。富达、保诚等基金公司的名字，就是在那一天知道的。"

B股发行是中国资本市场第一次向国际投资者打开了一扇窗，是一件大事。时任中国人民银行行长的李贵鲜专程出席了深圳B股承销协议的签字仪式。

自1994年开始，为活跃深圳B股市场，深圳市政府决定按照国际惯例，组织B股的全球推介活动，邀请发行了B股的上市公司每年到全球的主要金融中心举行集体业绩说明会，肖风作为深圳证管办市场处处长，是具体筹办者之一，几年推介下来，见过的基金经理恐怕不下千位了。

"当1998年国内诞生基金业的时候，我眼睛一亮，激起了极大的兴趣，多次在不同场合向各级领导表达了想投身其中的愿望。"肖风说。

而肖风没有提到的另一个因素就是他的舍得精神，唯有放得下，才能拿得起，他宁愿再次舍弃炙手可热的证管办领导职位，尝试一个全新的领域。其实这正是人生成败的重要分野，世界上拥有同肖风一样理想的人不计其数，甚至拥有与他同样能力的青年才俊也代不乏人，但绝大多数人面临这样的取舍之时，都会首选安于现状，只有少数如肖风者，敢为风气之先，才最终走到了成功的彼岸。

1998年4月1日，肖风从深圳飞赴北京，去证监会基金部接受筹备基金公司的任务。启程之前，他以为这只是一趟像往常一样的出差，两三天就回来了，基金公司肯定会办在深圳。到证监会报到后，主管领导跟肖风谈话，告诉他由于是试点，因此公司必须设在北京，并且希望他立即开始筹备工作，力争成为中国第五家基金公司。

中国证监会办公地点附近的京都假日酒店是当时全国证券行业进京办事的主要落脚点。肖风这次也住在这里。从证监会领完任务回到酒店，他立刻开始了博时基金的筹备工作。"严格意义上，博时初期的开办费用是我自己掏的钱。"住了两星期，钱不够了，肖风只好让太太往自己的银行卡上打钱。这在中国市场经济的历史上也是罕见的一幕，一位职业经理人个人投钱为那尚不知在何方的股东打工创业。

肖风开始在酒店房间办公，第一件事当然就是打电话找股东。肖风为新公司找到的第一个股东是光大证券。

当时光大证券北京总部在北京光大大厦，正好有几间空房，就免费给了肖风用做临时的办公室。房间钥匙给了肖风，里面空空如也，朋友开车带肖风去家具店买了几套桌椅，又到京都假日酒店对面的万通新世界买了一个带传真的电话机。"都是我自己刷的卡。"肖风笑着说。第二天，肖风通知其他有意向的股东，"我们现在有传真号码了，请大家把资料传过来，报证监会。"那时，肖风自己的办公室只有5平方米左右，摆上一张桌子三把椅子，连开关门都不方便了。面对今天动辄上千亿元的资产规模，上百万元年薪的基金行业，我们很难想象，它的先驱者居然是以如此近乎寒酸的方式打开了基金业这片娇艳的天空。

很快，肖风为新公司找齐了光大证券、国信证券、长城信托、金华信托四家股东，每家持股25%。股东到位，注册资金到位。肖风才报销了由他垫付的几万元开办费用。1998年7月13日，名为博时的国内第五家基金公司正式成立，肖风出任总经理。

公司命名一事肖风颇费心思，取名博时源自易经。博时基金四个字是易经六十四卦中的萃卦，取"资金荟萃、人才荟萃、财源荟萃"之意。博时的标志，就是萃卦的卦像。此后的十年里，博时果然人才荟萃，为基金行业培养了一大批投资精英。

成立之初的日子就像博时这个名字一样美好。

1998年7月26日，博时基金发行了第一只封闭式基金——基金裕阳，规模20亿元。

1999年6月15日，博时基金第二只封闭式基金——基金裕隆成立，规模30亿元。

1998年，公司成立不到半年就实现盈利200多万元。1999年，盈利1 200万元。而股东1亿元的注册资本也仅仅是在筹办阶段花了六七百万元。肖风为股东们送来了一个金娃娃。

那也是"老十家"都过得很惬意的一段日子。当时十家基金公司基本上是排排坐吃果果，管理的都是封闭式基金，也都是第一只20亿元规模，第二只30亿元规模。管理费高达2.5%，而运作成本却极低，连市场营销部门和TA系统都省了。

肖风坦言，基金行业发轫之初，制度设计上并不完善。"但在当时的条件下，不管是监管机构还是从业人员的想法都是一致的，就是把建立中国的基金业当成第一要务，至于缺陷与不足，只能放到后面慢慢改进。"肖风认为，必须要用历史的眼光看问题。

一切都在变化中。

2000 年，博时基金向中国证监会申请从企业所得率为 33% 的北京迁到企业所得税税率为 15% 的深圳。同期，大成、长盛两家公司也由北京迁至深圳。就在这期间，一切都一帆风顺的时候，一场风波正悄然酝酿，对博时，对肖风，对整个基金行业都产生了深远的影响。

基金黑幕
站到风口浪尖

2000 年 10 月，《财经》杂志刊出了《基金黑幕——关于基金行为的研究报告解析》一文，认为当时的基金业不仅没起到稳定市场的作用，而且存在违法操作，萌芽阶段的基金业遭遇了前所未有的风暴，舆论一片挞伐之声。

2000 年 10 月 16 日，涉及其中的"老十家"基金公司联合发表声明，指出《基金黑幕》中有很多不实之词和偏颇之论，严重误导投资者。《财经》不甘示弱，连发数文予以回击。

一时间，市场一片哗然。焦点直指基金行业涉嫌操纵市场。那时大家对股市做庄还心有余悸，如此指责自然群情激愤。

2001 年初，中国证监会决定立案调查异常交易记录相对较多的博时基金。肖风也被推到了风口浪尖：为保证调查工作顺利进行，调查期间，肖风暂时停止总经理工作，只担任董事、副董事长职务，总经理职责由公司董事长周道志代理。

肖风认为，"基金黑幕暴露的问题，实质上是中国资本市场发展初级阶段机制建设缺失，投资理念培育滞后，证券市场深度、广度不够等综合问题的反映。"

当时，市场交易机制是针对散户投资行为而设计的。尽管当时庄家横行，但庄家往往以数百个身份证、股东卡，钻交易制度的空子，伪装成散户而诱使散户跟风。基金公司甫一出现，一个账户管理几十亿元的资金，是中国股票市场上第一个完全意义上的机构投资者，而其时 A 股市场的日均交易量只有一两百亿元，它的交易行为确实对市场造成了前所未有的影响，容易被误解为"庄家行为"，尤其是这种行为面对的是喜欢"跟庄"、"猎庄"，津津乐道于如何"与庄家共舞"的个人投资者时，基金被"庄家"了。

尤其是当时市场上几乎没有大盘股，整体流通市值不大，个股流通市值很小，深度和广度都不发达，而基金一个账户就有几十亿元，其任何买卖行为都会对股价造成很大的波动。尤其当基金要买入或者卖出一只股票数百万股的时候，这只股票的价格趋势可能会持续地脱离大盘的趋势。

"我甚至认为，'基金黑幕'是中国基金业必须要上的一课。"肖风说道。在基金业出现之前，中国股票市场的投资者基本上清一色信奉"交易创造价值"的理念。大家都从炒买炒卖中赚价差，注重研究市场信号，而不是基本面信号，注重技术分析而不是基本面分析，注重趋势投资而不是基本面投资。基金业是脱胎于这块土壤的，因此也常有很深的这方面的印记。

华夏基金总经理范勇宏也表示，当时的确处在一个特殊的阶段，规则不太清楚、制度也不太健全，什么叫对倒，什么叫内幕交易，都不是太清楚。"当然，基金公司也采取了错误的应对，'老十家'发表联合声明反驳《财经》，是很傻的举动，某种程度上扩大了事态。"

不过，肖风还是一如既往地坚持他的世界观，就像他个人的命运总是不停地追求新的挑战一样，必然同时做好接受挫折的心理准备："新生事物不可能等到万事俱备再发展，改革开放 30 年都是实践先行一步，规则跟制度再慢慢跟上。深圳最早拍卖土地，而当时的宪法规定不许买卖土地，但还是必须往前面走，一边走一边修正，在发展中解决问题。"这恰好是小平同志改革开放之精神，肖风一直深谙此道，正是这种精神推动着他，越过一浪又一浪，不断冲向生命的制高点。

虽然"基金黑幕"事件对中国基金业短时间内产生了巨大的负面影响，但肖风认为，这对基金业的长期发展却是一个大好事，因为促使相关各方包括基金公司、监管机关去反思很多东西。"过了十多年，平心而论，我仍然觉得这是一件好事。对从业者、对博时基金、对行业发展都起到了非常正面的作用，促使大家客观、科学、理性地看待问题，有不对的地方，大家一起来改。"肖风说，"对我们当事人来说，也是好事，检讨完了，你会知道自己哪些地方有缺陷，应该怎么改进？我们也会去思考，共同基金业在中国到底应该怎么做、应该往哪个方向发展？实际上，经过'基金黑幕'之后，中国基金业开始转向以基本面投资为主的道路。基本面投资、价值投资、组合投资之风一时兴起，基金带动了中国卖方研究的兴旺。博时的'投资价值发现者'的口号也就是在这个背景下提出来的。"

时任证监会副主席的高西庆公开表态："证券市场经过一定阶段的发展形成的特定市场文化，不是一夜间可以改变的。这一现象与市场发育水平有关，可能不全是基金公司本身的问题，不可能一蹴而就，必须在发展中解决问题。"

2003年，时任证监会主席的周小川提出超常规发展机构投资者，从监管的层面统一了思想。

"基金黑幕"的影响至此慢慢消除。

直面问题
把坏事变好事

2001年3月24日，在接获证监会通知将进驻博时立案调查后，肖风在博时基金全体员工大会上的讲话，许多博时老员工至今仍记忆犹新。

会上，肖风说："我发誓，一定把这件坏事变成好事。"

"当时有两个想法：一是一定要把坏事变好事；二是要把这件事变成博时的财富。"肖风说，"谁也不希望遇到被立案调查这样的事情。但态度决定一切。我们不能怨天尤人，应该直面问题，实事求是地认真检讨，哪些是我们的错，哪些是我们管理上的疏忽，哪些要呼吁环境改变。"

肖风属牛，温和儒雅的外表下，也有很倔强的一面。"你们说我不行，我就尽量去做，做到你说行。"对于不认输的肖风来说，坏事真的可以变成好事，"只要你有反省的精神，认真、理性、虚心地去反省，坏与好是可以转化的。"

在基金黑幕事件后，肖风花了五年时间，将博时基金的基础管理工作做得非常扎实。

博时基金成为国内最早一家引入三项审计的基金公司。这三项审计包括：一是按照会计标准做年度的财务审计；二是按照美国资产管理公司内控标准做内控审计；三是按照全球投资业绩标准做业绩审计。肖风告诉记者，"以前没有注意这些东西，'基金黑幕'后，我们下决心学习，慢慢去找，发现国际上还有更先进的标准，就照着去做。"为此，博时基金花了两年时间先搞内部建设，把所有的内部流程完全按照这些全球资产管理公司最佳案例和最高标准来设计，2007年开始请国际审计机构来审。"博时是第一家出具内控审计报告的基金公司，好几年后才有第二家。"他说。

"后来，我们去国外访问养老金客户时，送去的资料就是这三份审计报告，都是普华永道、安永的审计师出具的无保留意见报告。"

"经历过这一事件后，博时变成了不一样的博时，这是一笔财富，一笔非常非常难得的财富。"肖风感慨地说，"作为总经理，我可能不会为做了一个多大规模的基金公司而骄傲，值得骄傲的是，我能够把坏事变为好事。出现坏事后，能把公司建得更好，这是值得骄傲的地方。"

这种变坏事为好事的人生智慧与学中文出身的肖风对传统文化的理

解有关，"中国传统文化一是讲究内省，出了问题，要能够反省自己；二是强调变化，中国有句成语'盛极而衰，否极泰来'好与坏在不停地运动转化之中。"肖风表示，"一旦把坏事变成好事，就是你人生最大的一笔财富，也是你人生最值得骄傲的地方。"

凤凰涅槃
站在价值投资潮头

2003年，肖风兑现了他对全体员工的承诺。

这一年，博时旗下股票型基金的加权平均净值增长率为31.18%，在国内所有管理两只及以上股票型基金的基金公司中位列第一；肖华管理的博时价值增长基金以34.35%的净值增长率获得2003年基金业绩冠军。

2002年，肖风找到昔日在证管办的同事，时任长盛基金副总经理杨光启重回博时，出任主管投资的副总经理。随后肖华跟随杨光启很快也从长盛来到博时，肖华还说动他在君安时的同事归江一起投奔博时。在"基金黑幕"事件之后，肖风快速为博时基金重建了一支极具战斗力的投研团队，群英荟萃，盛极一时。

肖风对这支队伍宽严相济。"肖总很重视专业性，投研部门进人把关很严，不搞裙带关系，唯才是用，强调专业、绩效，所以，投研团队整体素质很好。"博时的一位基金经理告诉记者，"最难得的是肖总对基金经理的宽容，他能够允许基金经理犯错，即使年度业绩排名掉到最后，他也能够包容。很多人离开博时又回来，他都会接纳，甚至还有人三出三进。所以，博时对人才有较强的吸引力，总有优秀的人才加盟。"

2002年9月，博时第一只开放式基金博时价值增长基金发行，肖华担任基金经理。也就是在这只基金发行时，博时基金正式向外界宣称要"做投资价值发现者"。而肖华来到博时之后，抓住中国经济增长由轻化向重化转型的机会，认识到包括汽车等重化行业有巨大的投资价值。研究员与基金经理在深入研究后也很认同。2002 年下半年，博时基金便在汽车股等重化行业个股上保持高配置。

博时基金对汽车股的投资也成为了中国基金业价值投资的经典之作。2003 年，"石化、钢铁、汽车、电力、银行"五朵金花绽放，基金的投资能力第一次得到社会的认同，"价值投资"大放异彩。

肖风认为，基金转向价值投资是必需的，"基金黑幕"事件起了催化剂的作用。肖风表示，"A 股市场早期投机炒卖风很盛，随着基金组织形式的不断健全和发展，基金投资也慢慢从趋势、技术派向基本面投资方向转变，从交易创造价值向研究创造价值转变。"肖风说，"现在，投资方法更加丰富多彩了，比如量化投资，又回到交易的层面，回到交易创造价值，但比中国股市早期的趋势交易更理性更科学。历史是一个继承发展的过程，不是简单地重复，而是螺旋式地上升。"

从那时开始，博时基金的投资能力也得到要求最为严苛的机构投资者——社保基金理事会的认可。

博时基金成立之初，肖风就开始布局养老金投资。1999 年，博时基金就与劳动和社会保障部合作研究"社会保障基金测算与投资运营管理"。尽管当时企业年金制度尚未建立，但肖风认为，养老金投资肯定会像国外一样，成为基金公司的重要业务。

2002 年底，社保基金第一次招标，条件非常严格，肖风带领博时全力以赴。在多方努力下，"基金黑幕"事件负面影响还未彻底消除的博时基金，得以进入社保招标名单。

"没想到，博时参与投标最终获得了非常不错的成绩。"博时一前任基金经理说，"答辩会上，肖风代表博时基金作最后的总结性陈述，社保基金对博时基金也相当认可。"博时基金的投资业绩、投研体系及投资理念尤其是针对社保基金委托资金的投资管理运作设想，得到了社保理事会的认可。

肖风管理下的博时基金也得到了社保理事会的认可。有知情人士告诉记者，每一次社保基金招标，博时基金都是最有竞争力的对手。2008年，社保理事会首次公布了社保组合的管理人，12个组合中，博时管理3只，其他各家基金都只管理一只组合。

2008年，博时获最佳企业年金管理人。到2010年底，博时的养老金投资运作规模超过660亿元，处于行业领先地位。

划分投资风格小组
开行业先河

价值投资大获成功之后，肖风并没有停止对资产管理公司生产方式与运作模式的探索。

肖风非常重视向海外发达市场的资产管理公司学习。有件小事即可看出他对海外学习的重视。2003年，肖风在纽约偶遇全美华人金融协会（TCFA）的几位董事。当时，TCFA还很小，每年活动经费都比较紧张。肖风当场决定，博时每年赞助2万美元。现在TCFA已有一千多个会员，国内的赞助机构也很多了。

早期，博时基金每年都会组织投研骨干去纽约等地参加培训。"我们每年都要去海外考察、学习，开阔了视野，也学会了很多东西，可以说受益终生。"博时一离任基金经理表示。

肖风为博时基金的海外培训设计了一个独特的课程：请纽约大学一位数学教授讲授如何用数学模型评估法国葡萄酒的好坏。大家都知道，葡萄酒的好坏与当年的日照时间、早晚温差、雨水多少等气候条件关系很大。那位教授根据葡萄酒好年份时的气象数据建立了一个数学模型，来预测当年法国葡萄酒的好坏，以指导期酒的投资。肖风以此来告诉基金经理们科学投资的道理。

2004年和2005年，肖风带领团队在美国学习考察的过程中，看到很多大型的基金公司都采取了风格分组的管理模式，像惠灵顿、CAP-

ITAL 都把投资人员根据不同的投资风格划分到不同的小组。"当时只是有所触动，后来博时慢慢长大了，这种做法也能派上用场了。"肖风说。

2006 年，肖风提出博时要做全能型的资产管理公司，博时基金投资部分成价值组、成长组与固定收益组。2006 年底，投资总监肖华辞职，博时创立了一条新规：投资总监由三个风格小组组长轮流担任，三人都享受高管待遇。

从此，博时基金确立了平台制而不是明星制的管理风格。

对于明星基金经理制，肖风有自己独特的看法："天才不是培养出来的，是竞赛出来的。有人自称是中国的巴菲特，我觉得这很好笑，天才不可以复制。我去索罗斯公司访问过几次，他几次宣布退休又几次复出，投资总监近几年换了好几个，为什么？索罗斯是一个天才，不可复制，不可模仿，也不可取代。"而且，肖风认为，资产管理行业不一定非要找牛人，牛人需要很大的空间，会对别人造成挤压，破坏整个生态链。

"划分风格小组，是希望基金经理能够心无旁骛，坚守自己的理念，在自己感兴趣的方向走得更深更远更专，考核也相对简单，如果你在价值组，就按价值投资来考核，成长股涨得再好，跟你没关系，但如果成长股涨了，成长组的人做不好，那就需要反思了。"肖风希望能把投资当成科学，"投资最上等的境界，就是你的方法可持续可重复，只要在一个方向上坚持下去，最后给客户带来的一定是好东西。"

在早期，博时基金对基金经理的考核周期就拉长到了三年。一前博时知名基金经理告诉记者，2005 年曾有一家大公司挖他，最终他还是选择了留下，"博时基金以三年为一个考核周期，那家公司的考核期为半年，想想有点可怕，就没去。"

肖风表示，考核与投资方法是配套的，如果基于交易创造价值，考核是短期的，如果从基本面出发，从估值变化来看投资，行为就变得长期了，考核期也要拉长。"基金投资理念的转变，是一个系统的转变，从投资管理、绩效考评、研究方法到基金经理组合构建的行为、理念、价值观都要转变，不是喊一个口号就行的。"

肖风鼓励投研人员有新想法，去作新的尝试，在他看来，这是另一种形式的研发投入。"工业企业、高科技企业都有研发费用，基金经理有自己的想法，你要给空间时间给他，让他去尝试，这就是在做研发。也许直接的结果不好，也要让他知道这样走不通，他也可能触类旁通，改个方向试试，绕一下可能就通了。"

老师出身的肖风性格温和，"我是教练型的，不会取代他人去参加比赛。"

无为而治
靠机制持续重复赚钱

2005 年和 2007 年，博时基金两度被美国《财富》评为中国十家卓越雇主；博时基金还多次被评为"中国 500 最具价值品牌"；并获"2009 年度中国 CFO 最信赖的百佳服务机构"。

在肖风的带领下，博时基金的资产管理规模一直位列行业前五。除了投资与营销上的成功，博时基金的管理也得到了业内的广泛认同。

肖风自称不是一个精力太旺盛的人，而且不能只有工作，应该有自己的家庭生活，有自己的个人爱好，要享受生活，"如果所有的事情都要我自己亲力亲为，要牺牲很多东西，我认为不值得。"他说。因此，他"懒人有懒办法"，无为而治。他认为，职业经理人能为股东创造的更大价值是建好一个机制，让它们在正常情况下能够运转自如，"正常的事情，它自己就会去运作，我只需要管例外的事情。"

肖风从不提倡员工加班，自己大多数时间也都会准时上班准时下班。除了在 1998 年创办博时基金初期，他也从来不在晚上开会或下班前开会。在肖风看来，90% 以上的工作都应该在正常的工作时间内完成,"如果意外太多,非要加班,天天忙得不可开交,说明你的管理流程有问题,或者效率太低,或者岗位设计不科学。"

他的办法是找到能胜任各个岗位的人,同时充分授权,把工作流程标准化,大家按标准去做,不必事事请示。"例外的事情可以请示,我再把例外的事情标准化,我只管标准化,大部分东西都标准化、IT 化了,放在 IT 系统里去,在电脑里按流程一步一步走,就不会失控,出来的工作质量都在中等以上,各项工作都很均衡,结果不会太差。"

在肖风看来,资产管理行业不能搞金字塔式的管理结构,一个信息要流转七八个层级。基金公司必须是一个非常平等的扁平的结构,基金经理既是一线的战士,也是一线的指挥员,市场在变化,一只股票要买还是卖,基金经理必须自己作决定。四五个人讨论、投票决策,作出的投资决策一定很平庸。

据说麦肯锡招聘时,如果是面试官一致同意的应聘者,则他一定会落选,因为能够讨好所有人的应聘者肯定比较平庸,麦肯锡要找有创造力的人;如果 8 个面试官里五人同意三个人反对,反而有可能被录用,因为这说明他一定在某个方面特别突出。肖风认为,这个传说值得管理者思考。"一个创造性的人才,相应也会有他的短板,所以更需要包容和尊重。"肖风表示,基金公司是创造智力产品的公司,尊重每个人的个性和独立思考很重要,要让聪明人有权力作决策,充分发挥个体的创造性与主观能动性。

股权动荡
博时独自成长

事物总在曲折中发展。

2005 年,风生水起的博时基金,遭遇了另一件大事:大股东金信信托出现流动性问题。浙江银监局、金华市政府宣布,因"违规经营和经营不善,造成较大损失",责令金信信托停业整顿。至此,金信信托崩盘，累积债务高达 42 亿元左右。

因大股东缺位，博时基金从 2005 年开始就被暂停所有新业务和新产品的发行。在史无前例的大牛市即将到来之际，博时基金处境不利。

肖风依然不服输。不能发新基金，那就走持续营销的路子。于是，博时基金频频出手老基金的持续营销，并首创把向来只在三大证券报刊登的基金分红公告登到各地都市报的头版上。"客户在哪里，广告就应该到哪里。"肖风表示，公募基金的持有人主体是各个城市的市民，因此在不违反信息披露和监管规定的情况下，把广告做到都市报也就是很自然的事了。

2006 年和 2007 年的大牛市也让市场见识到博时基金的营销手段。在没有一只新基金发行的情况下，到 2007 年底，博时基金管理的公募基金资产由 2005 年底的 373 亿元猛增至 2 215 亿元，行业排名也由第四位跃居至第二位。

大股东金信信托陷入困境，没有阻止博时基金的前进步伐。在肖风看来，"股东是否作为，公司都在运转，这也反映了基金业一个规律性的东西：资本性股东对公司没什么意义，更重要的是出人力、出智慧的人力资源的价值。"

肖风此时的志向也可以从 2006 年 7 月博时基金高调宣布启用新 VI 系统一事看出一二。

2006 年 7 月 13 日，博时基金选择在公司成立八周年的当天正式启用与全球最大的品牌咨询机构 Interbrand 共同规划的"博时基金公司新品牌系统"，公司英文名称变更为"Bosera"，来源为 Boshi 博时、service 服务和 era 时代。为此，博时基金专门召开了新闻发布会，来自 19 家报社和 4 家电视台的记者对博时的新品牌发布会进行了现场采访和报道。

博时基金更换英文名的直接原因是原来的英文名 Boshi 只是简单的汉语拼音，外国人念起来很拗口。对此，媒体普遍解读为是博时基金走向国际化的布局需要。作为新品牌系统的组成部分，博时的图标也作了细微改动，"将四个角修了一点"，对此，肖风解释说是希望"更圆融，冲击力小一些"。

金信信托最后得以重生，也全赖于博时基金在此阶段的爆发性增长。

2007年12月，金信信托拍卖所持有的博时基金的48%股权。经过激烈竞拍，最终以招商证券出价131元/股、总价63亿元而摘得。至此，金信信托对博时的股权投资9年增值超过120倍。这也就意味着，通过拍卖博时基金股权，金信信托不仅清偿了全部债务，而且被清退的股东还获发了股本金。金信信托的金融风险也最终因为博时基金的股权增值而得到完美化解。

其后，浙江省政府经与银监会沟通，向国务院报告，要求保留信托牌照，获原则性同意。通过清退老股东、引进新股东，金信信托被重组为浙金信托，于2011年6月脱胎重生。

一个月后，博时基金公告，肖风辞任总经理一职。

告别博时
历史的遗憾

2007年底，招商证券拍得金信信托的48%股权后，持有博时基金的股权达到73%。在此后的三年多时间里，市场就一直开始传言肖风要离开博时基金。

2011年7月30日，博时基金公告，肖风不再担任公司总经理。此前一天，博时基金邀请多家财经媒体举行餐叙会。当媒体问到从什么时候开始考虑新的人生规划时，"那得有两三年了。"肖风回答说，"但我不能莽撞做事，我要对公司负责，对股东负责。2007年底大股东花60多亿元买下来，然后你递上辞呈说我不干了，不是太不负责了嘛。"2009年，招商证券向四家机构转让博时基金24%的股权，获得20亿元的转让收入；截至 2010 年底，招商证券从博时基金得到大约 25 亿元的分红。至此，大股东招商证券已经在几年时间里收回近 50 亿元的现金，手上仍然持有博时基金 49% 的股权，牢牢把住大股东的位置。肖风觉得可以离开博时基金了。

肖风精心选择了离开的方式。"我觉得差不多可以离开了，在董事会换届时，我请求董事长不再提名我为下一届总裁候选人，我对这家公司有感情，不愿意以辞职的形式走，选择合同到期下车的方式，从形式上我没有辞职，我是船到码头车到站了。"

"像对自己的孩子一样"，有博时员工如此形容肖风对博时的感情，每年 7 月 13 日博时生日，一些老员工会从各地给肖风发短信祝贺，"肖总会很感动"。

在 2011 年 7 月的媒体餐叙会上，肖风断然否认与大股东之间有矛盾的说法。时至今日，肖风仍然称，"我跟时任招商局集团董事长秦晓、招商局总经理傅育宁都很熟，跟招商证券的领导认识近 20 年时间，不存在沟通的问题。而且私人关系一直很融洽。"

在肖风辞职之后，华夏基金范勇宏、南方基金高良玉也相继在 2012 年辞去总经理一职，至此，老十家基金公司的创业元老已悉数离职。基金公司的治理结构问题也因此备受关注。

早在 2003 年的第二届中国证券投资基金国际论坛上，肖风就公开提出，中国基金业要改革和创新，应从推动产权制度改革入手。

在肖风看来，投资管理是一个需要慢慢长期积淀的东西，不管在理念上、在投资上、在团队的培养上，都需要时间，"一个职业投资人如果没有经过几次牛熊交替，怎么能懂得市场，没吃过很多亏，怎么能形成自己的投资理念，一个成熟的基金经理必须在市场里吃一堑长一智。"

为了留住人才，博时基金在 2005 年曾请一家海外知名的人力资源公司设计过员工持股方案，也得到了股东和董事会的支持。"但法律不允许，此方案也就束之高阁了。"

于是，尽管不舍，肖风、范勇宏、高良玉都不得不选择离开。基金业的历史留下了遗憾。

加盟万向
再不疯狂　我们就老了

2011 年 11 月，媒体报道了肖风的新去向：万向集团。

肖风的这一转身，早在 2007 年 12 月 26 日的那场惊心动魄的股权拍卖会上就已注定。

2007 年 12 月 26 日，金信信托公开拍卖所持有博时基金的 48% 股权。拍卖师现场开出 28 亿元的底价后，浙江省工商信托投资股份有限公司作为 1 号竞买人，与作为 6 号竞买人的复星系郭广昌旗下的德邦证券进行了一个多小时的贴身较量，并以 45.4 亿元逼退对手。其后，在与招商证券的争夺中，连续举牌近百次，最后在 63.2 亿元的出价面前，放弃继续加价。这一拍卖价格创下每股 131 元的天价，大幅刷新此前银华基金股权转让创下的每股 56.2 元的纪录。

如果说招商证券志在必得，是因为作为已持股 25% 的并列第二大股东，对博时基金的了解形成的价值判断。那么浙江工商信托的底气又从何而来？

浙江工商信托是万向鲁冠球的麾下企业。万向想拿下博时基金控股权的强烈愿望来自于他们对肖风的了解与赏识。

肖风与万向的渊源，也是一个商学院的故事。"是中欧商学院，不是长江商学院的故事。"肖风笑言。2003 年，中欧商学院开设了一个总裁班，第一届全部是邀请入学，不对外招生。20 多名学员中，有肖风，有鲁冠球之子鲁伟鼎。两人做了一年半的同学，从此惺惺相惜。

失去了博时基金的万向，最终得到了肖风。50 岁后，肖风站在万向的舞台上。这一次他舍弃了国营，选择了民办；舍弃了单一，选择了多元。

2012 年 6 月，保监会批复同意肖风出任民生通惠资产管理有限公司董事长。民生通惠由民生人寿全资筹建，万向控股则为民生人寿第一大股东，持股 20%。出任民生通惠总经理的葛旋也是肖风博时早期的下属。

2012 年 9 月 23 日，由浙江省工商信托投资股份有限公司转设而来的万向信托有限公司正式面世，肖风出任董事长。

早在 2012 年 5 月，就有媒体报道，肖风已任职中国万向控股副董事长，统管万向控股这家著名民企旗下的大金融板块。万向控股的金融业版图中，包括民生保险、万向信托、通联期货、万向租赁、通联支付、浙商基金及万向香港等多个子公司。

"再不疯狂，我们就老了。" 肖风用了一句歌词解释自己为什么加盟万向。

"从宏观的层面从建设金融集团的高度去谋划、布局一个金融控股公司，对我来说是更有吸引力的挑战。" 肖风说，"中国的民营企业在金融机构的布局像万向这么完整的还比较少，这个机会也不是随时都有的。十年之后，我们应该可以看到一个布局良好的金融服务集团。"

下一个十年
另外的精彩

2012 年 12 月 2 日，肖风再次吸引了基金业的关注。

在当天召开的第 11 届中国证券投资基金国际论坛上，肖风作了题为 "中国财富管理十大猜想" 的演讲，震惊四座，与会人士认为肖风的讲演高屋建瓴，极具启发性，是本届论坛最有价值的演讲之一。

肖风并不认为自己离开了基金业。"第一，我肯定会跟行业保持最密切的联系；第二，说不定以另一种方式回来；第三，再不济也会帮行业中的朋友提供点建议，我这里常常有行业中的新老朋友来拜访，聊一些行业、公司发展的问题，我很乐意跟大家分享我过去的经验。"

2013 年 2 月，证监会正式发布《资产管理机构开展公募证券投资基金管理业务暂行规定》，根据规定，保险公司可以申请设立基金公司。肖风称，万向控股旗下的保险资产管理公司，已经决定申请公募牌照，"也许明年你发现肖风又回到了公募基金，以另一个方式回来了。"

肖风称，他离开博时基金的时候，坚定看好民营企业的前景。他认为，在中国经济的结构转型期，国企已不能独扛大旗。"国进民退已经走到顶峰，未来十年也许是民进国退的十年，或者是国企民企齐头并进的十年。"如同他之前的每一次人生取舍，清晰而坚定，大胆又超前，仿佛越过了芸芸众生头顶的迷雾，看到了一片不为大家所见的蔚蓝天空，也许，历史终将再一次印证他的远见。

事实上，证券公司、基金公司牌照门槛也已降低，一个草根金融的时代已经来临。"我离开博时的时候，真没想到金融业门槛速度降得这么快。现在，外部因素已经改善，最重要的是人才和能力，做不起来，是自己的问题，愿赌服输，不赖别人。"

在肖风的舍与得之间，并不是赌徒式的运气，而是智慧思考后的理性抉择，外人看到的是偶然，不足为外人道的却是内在的必然。这岂非正是一个投资家的特有风格。在没有机会的时候，做足自己的功课，寻觅机会、等待机会，而一旦机会到来，动若脱兔、矫若蛟龙。一如孟子所说：虽有智慧，不如乘势；虽有镃基，不如待时。

面向新的 10 年，肖风在作新的准备，他告诉记者，正筹备成立一家基于大数据、云计算、社交网络和移动互联网、人工智能等新技术、新应用的金融咨询服务和资产管理平台、系统、工具提供商的机构，第一期投资 3 亿元，在中美同时设立公司。

"社交网络正在重构社会结构和人际关系；大数据引导我们从新的角度去认识世界，机器学习和人工智能能够让普罗大众享用人类的最佳体验。移动互联网正在模糊工作、学习、生活的界限……这一切不仅在创造性地破坏旧的世界，使世界处于一个新的技术创新周期的起点，也必将改变金融服务和资产管理的理念、工具和方法。"

"时代发展很快，必须学习新东西。我们不能还抱着 1998 年的方法，你不能天天跟人家说我们以前是怎么干的，而要有新东西，要超越以前的做法，否则的话，一定会被淘汰。"业余时间，肖风会在家里看看书，"那么多新的东西，只能靠业余时间来学习。"可以看得出来，连接他舍与得之间的法宝就是不懈地学习与深入的思考，是对时代与人生趋势的准确把握，是面对趋势时的勇气与魄力。

当然，他有时也会看看电视剧，"总要放松嘛。如果每天绷紧 16 个小时，最后人都会糊涂掉了。"

肖风的夫人是肖风的大学同班同学，唯一的女儿在国内读完高一去了英国，读了两年中学，到剑桥大学学经济学，后在哥伦比亚大学商学院读 MBA，今年五月毕业。"她决定毕业后回中国工作，我支持她。至少从这一点可以看出来，她不随大流。"颇有乃父舍得之风。有女万事足，说起女儿，肖风很幸福。

聚会活动时肖风喜欢唱歌，这位大学艺术团歌队队长受过两年的专业训练，唱得很专业。"肖风唱歌，不是以声动人，而是以情动人。"有朋友如此评价。

2012 年 12 月末，第三届香山论坛在广州举行，那是一个略带寒意的夜晚，那是一次资产管理行业精英的聚会，一曲《我的未来不是梦》，肖风动情的演绎，让在场者都不免荡气回肠。

新的十年，将为我们展现新的肖风，以及他的另一种精彩。

范勇宏

傲视同侪，一览众山，遍检中国基金界，华夏基金无愧巅峰。

出于齐鲁，引领华夏，细数中国基金公司领军者，范勇宏堪称巨擘。

海到尽头天是岸，山至高处人为峰，业界翘楚，舍华夏其谁？

范勇宏：基金典范　舍我其谁

山峰之上是什么？除了实现自我、挑战自我，山峰之上只有寒冷、稀薄的空气、盘旋的秃鹰和无法言说的孤独。

对华夏基金前总经理范勇宏来说，登临绝顶，更多感受到的是高处不胜寒，而不是一览众山小的骄傲。因此，生命的意义，对他来说是不断地挑战，一次一次地登顶。

在深圳香格里拉酒店，记者见到了范勇宏，他身穿深蓝色夹克，随意朴素，讲起话来，有一种北方人的豪迈和果敢，隐隐的白发，透出一丝岁月的沧桑。

艰难困苦
玉汝于成

1963 年，范勇宏出生在山东省诸城县，诸城与莫言的家乡高密两县，合为古密州府。诸城历来文脉相传，北宋时期《清明上河图》的画家张择端、李清照的丈夫金石专家赵明诚、清代刘墉都出身在此地，苏东坡最著名的《水调歌头》、《江城子·密州出猎》就是在诸城所做。"老夫聊发少年狂，左牵黄，右擎苍。锦帽貂裘，千骑卷平岗。为报倾城随太守，亲射虎，看孙郎。酒酣胸胆尚开张，鬓微霜，又何妨？持节云中，何日遣冯唐？会挽雕弓如满月，西北望，射天狼。"从中我们不难看出齐鲁之地的豪放与高远。受此影响，范勇宏从小就喜欢看书，尤好文史类书籍。有时候，也会写写古诗古词，借以抒怀。

因为母亲去世得很早，范勇宏度过了艰苦的少年时代，虽然生活格外艰辛，但他却有着顽强的求知欲，1984 年，他克服重重困难，终于考上了大学，离开了故乡。

"母亲的养育和培养，使我能够在 20 年的艰难困苦中一直坚守下来。谨以此书纪念母亲去世 39 周年。"范勇宏在 2012 年 4 月出版的《基金长青》一书的后记中，表达了自己对母亲的怀念和感激。

艰难困苦，玉汝于成。年少时经历的种种磨难，培养了范勇宏刚毅、坚强、内敛的个性，即使天大的困难，也能咬牙坚持。也许因为苦难的经历，在范勇宏身上，始终有一种向上的力量，让他不甘于平庸，不断去克服一个又一个障碍，挑战一座又一座高峰。

1988 年大学毕业，范勇宏因为表现出色，分配到中国建设银行总行工作。

两年后，一次去国外的学习经历，改变了范勇宏的人生轨迹。

乘南巡之风
泛证券之海

1990 年，年轻的范勇宏被派去日本学习证券市场知识。

"我们去了东京交易所，当时日经指数接近四万点，正是疯狂的牛市，高度发达的资本主义经济、交易所繁忙的景象，让我记忆深刻。"

大学期间，范勇宏所学的《资本论》、《政治经济学》，讲的都是帝国主义制度腐朽，资本主义必然灭亡。而现实的场景令范勇宏震惊，"东京的银座、现代化的日产汽车、索尼产品，都让我感受到强烈的震撼，巨大的反差，多少年来从书本上学的东西在现实面前土崩瓦解。"

范勇宏没有想到，20多年后，当他第二次来到东京交易所时，会是自己管理的基金在这里上市——华夏上证50ETF在东京挂牌上市；更没有想到，二十多年后中国股市成为了全球第三大市场，超过了日本。抚今追昔，范勇宏无限感慨。

这次学习经历让范勇宏开阔了眼界，对于证券市场在国家经济腾飞过程中的作用也有了深刻而感性的认识。

1992年2月，邓小平南巡，重启中国经济的改革开放之路。"小平同志讲，股票是不是好东西，要允许看，但要坚决地试，试了不行再关门。"范勇宏表示，小平同志的讲话确立了大力发展证券市场的主基调，8月，中国人民银行宣布在北京、深圳、上海成立三大证券公司：华夏证券、南方证券、国泰证券。"小平南巡确定了改革开放的大方向，也奠定了股市在中国经济改革中的地位，从此改变了很多的人命运。"

1992年12月，华夏证券面向工行、农行、中行、建行招聘人员。范勇宏认为，搞市场经济必须发展证券市场，证券业未来有巨大的发展空间。于是，尽管总行干部的身份风光体面，社会地位也高，但范勇宏还是决定加盟华夏证券。

受命东四
风生水起

20世纪90年代，中国证券业刚刚起步，一切都还在无序的状态，"基本上没什么监管，完全靠自律。"范勇宏说。

1993年6月，华夏证券第一家营业部——北京东四营业部出现严重亏损，1 000万元注册资本亏损了680万元。8月，范勇宏临危受命，出任营业部总经理。

范勇宏想办法先借了一些钱，保证日常资金周转，然后不断吸引股民开户，经过几个月努力，资金周转问题解决，营业部渡过难关。

走过困难期，范勇宏开始谋求发展。当时监管非常宽松，虽说是营业部，基本上没有业务限制，可以做经纪业务、自营业务、投行业务、国债期货、商品期货、商业贸易，跟证券公司差不多。范勇宏抓住历史机遇，大胆创新，除了投行、自营业务，还开展国债期货交易，东四营业部是上海之外第一家做国债期货的营业部。

1994 年，营业部设立了研究中心，聘请了一批优秀的研究员，给客户推荐股票、分析行情，做一些有价值的增值服务。后来，华夏基金的明星基金经理王亚伟，就是在这样的背景下来到东四营业部的。

范勇宏非常重视客户的利益，"不能简单地让客户去交易，而是要让客户赚钱。"他喜欢用羊与羊毛来形容营业部与客户的关系，把羊养肥了，剪羊毛很容易。

在当年规则不明、缺乏监管的背景下，证券营业部可谓冒险家的乐园。

那时，券商营业部管理着股民巨额的保证金，营业部及员工挪用客户保证金违规牟利，赚了算自己的、亏了算营业部的情况司空见惯。所以很多从业人员的行为短期化，违规赚了钱的，或者被查处，或者没出事也不敢待下去，更没心思再踏踏实实做事。

"从小父母就要求我们，不是自己的东西不要。"秉持这种朴素价值观的范勇宏，对员工要求也非常严格，"我应该对他们长期的发展负责，我告诉他们，钱确实非常重要，但不是最重要的，而且，只要脚踏实地好好做下去，钱也会有的，为了一点小利付出巨大的代价，不值得。"

在那样的浮躁岁月，营业部更热衷于赚快钱。范勇宏却提出了"崇尚卓越、追求完美"的口号，用这样的标准来要求自己，要求营业部的员工。

三年之后，东四营业部成为全国最大的营业部，一个营业部的交易量超过君安证券一家公司的交易量。东四营业部每年盈利一个多亿。

让范勇宏骄傲的是，作为全国最大的营业部，东四营业部从没有一次因违规被处罚，也没有一个人出事。

范勇宏对员工的严格要求也得到了回报，从东四营业部走出了 20 多个营业部总经理。东四营业部一老员工告诉记者，"东四营业部像一所大学校，我们在其中学到了很多东西，终生受益。"

由于东四营业部的出色表现，范勇宏升任华夏证券总经理助理，分管投资、经纪业务，兼任东四营业部总经理。

筹华夏基金
立鸿鹄之志

1997 年 11 月 14 日，国务院证券委员会颁布了《证券投资基金管理暂行办法》，标志着基金创设工作正式启动。

1998 年初，华夏证券开始筹备基金公司，范勇宏在东四营业部的辉煌业绩与规范管理，使他成为新公司的最佳人选。春寒料峭的二月，一天，华夏证券董事长邵淳找范勇宏谈话，让他负责筹备新公司并担任总经理。当时，基金刚开始试点，发展前景尚不明朗，而东四营业部正如日中天。虽然很多人都觉得可惜，范勇宏还是作出了抉择——放弃已经获得的荣耀，踏上未知却充满希望的基金之路。

"就像股票，在行情最好的时候要敢于卖出。"他开玩笑地说。

华夏基金筹备组设在北京复兴路的寿松饭店，范勇宏带领戴勇毅、郭树强、江晖、王亚伟等十几个人在 500 多平方米的办公室没日没夜地工作。范勇宏早期挑选的创业者主要是投资方面的专才，热爱投资，也比较单纯。

"创业虽然艰苦，大家的工作热情都非常高，每天工作到很晚，不知道苦也不觉得累，也没有加班费。"范勇宏告诉记者，那时候，大家对基金都没有经验，也不知道该怎么做，书店里有关基金的书都非常少，只能是边干边学边学边干。"但大家都很兴奋，很有激情，就像在准备登一座高山。"

1998 年 4 月 9 日，华夏基金公司成立。同一天，证监会批准了华夏基金第一只基金——兴华基金的设立。"我们对第一只基金寄予了无限的期望，取名兴华是振兴中华的意思，感觉比较响亮有力。"回忆往事，范勇宏笑了。

从此，范勇宏率领华夏基金在跌宕起伏的中国股市开始了艰难地探索。

虽然行业尚处萌芽阶段，范勇宏却着眼长远，强调责任感、使命感和远大目标。古人云："计利当计天下利，求名当求万世名。"天下利、万世名听上去太遥远，范勇宏就用"赚钱要赚大钱，求名要求大名"来教育员工。

他对基金经理的要求，第一就是要有理想，"如果为挣几个钱混饭吃，就成不了材。"

2001 年，范勇宏提出了华夏基金的四个奋斗目标：为客户创造价值，使他们的财富保值增值；让员工过上体面的生活；让股东得到合理的回报；把公司建成在资本市场上有重要影响力的受人尊敬的基金公司。

把股东利益放在客户与员工之后，基于范勇宏对资产管理行业的深刻认识，让客户的财富保值增值，是基金业存在的价值和基础，而必须集聚优秀的人才，才能为客户创造价值。所以，对基金公司来说，应该是客户第一、员工第二，而股东应该得到合理的回报，如果过分强调股东的回报，极有可能损害客户和员工的利益。

至于做受人尊敬的基金公司，范勇宏的解释是，一个最直接的衡量标准就是要做最大的基金公司。

"中国有全球最大的银行、最大的保险公司，为什么不能有全球最大的资产管理公司？"范勇宏豪情满怀。

2001 年华夏基金管理资产规模仅 160 亿元，整个中国基金管理资产规模只有几百亿元。"最大"看上去是一个非常遥远的目标，范勇宏却为华夏基金立下鸿鹄之志，如同登临远山，虽然刚刚出发，中间可能遭遇重重阻碍，但目标却始终是远处的顶峰。

有了远大目标还必须付诸行动。范勇宏以身作则，对自己要求非常严格，上班最早，下班很晚，收入也不是最高。华夏基金创办的前两年，范勇宏基本每个周末都在办公室加班，三大报等财经媒体他都会仔细看，还随身带着英语口语练习的小册子。他深知，总经理的为人、事业心、责任感，对一家公司的发展至关重要。"基金公司都是高学历的人才，都是聪明人，都看着你，你不努力，肯定不行。"

上行下效，华夏基金的员工都特别勤奋，研究员经常半夜三更发邮件，早上8点还得准时打卡上班。华夏基金在海南开过多次年度投资策略会，一般都是三天会，"我连海是啥样都没看到。"一位老员工说。

基金业初创时期的中国股市，很不规范，投机、炒作盛行，联手做庄、操纵股价屡见不鲜。

虽然外部环境与基金所持有的价值投资、分散投资等理念并不相宜，但范勇宏深知，对于公募基金来说，只有做好投资业绩，帮客户赚到钱，才有发展前途。"关键是业绩"成了华夏基金投研人员的口头禅。

在早期创业阶段，华夏基金就确立了以投研为核心的管理模式。范勇宏长期给投研人员吃偏饭，在资源、薪酬待遇方面都全力向投研倾斜，希望给基金经理提供最好的环境。

于是，华夏基金在早期就保持了良好的投资业绩。2001年，华夏基金旗下三只基金平均收益率排名第一，2003年、2004年华夏基金业绩都有较好的表现。

从2001年开始，华夏基金的资产管理规模，一直保持在全行业的前三甲。

强调独立性
做说了算的 CEO

在华夏基金创立的早期，范勇宏就强调公司管理的独立性。作为一个创业者，要在市场化竞争中把公司从小做大，在作一些重大决策时，需要冒很大的风险，必须要做一个能够说了算的企业家，特别是基金是风险产品，一定要有人负责。

对此，范勇宏有着清晰的认识。2001 年 1 月，中国证监会发布《关于完善基金管理公司董事人选的通知》，要求在基金管理公司法人治理中引入独立董事制度，华夏基金积极响应，2001 年 11 月 21 日，华夏基金发布公告称，聘请龙涛、王连洲、涂建等 5 人为独立董事，在 9 人的董事会中，独立董事占了大半席位，而且，5 位独董在华夏基金任职长达 7 年。2008 年，中信证券入主后，董事会成员降至 5 位，上述三位独立董事留任，另外两位分别是任总经理一职的范勇宏，以及由中信证券董事长王东明兼任的华夏基金董事长。独立董事长期占据董事会大半席位，一定程度上保证了华夏基金管理运作上的独立性。

相比那些股东严格控制、总经理职权有限的基金公司，华夏基金公司章程对管理层授权充分，公司日常管理由管理层独立决定。因此，管理层一直保持充分的独立性，相对股东，有较大话语权。遇到股东有不同意见时，范勇宏会带领管理团队跟股东反复沟通，以达成共识。

作为创业者，范勇宏在公司的管理上比较强势，对事关华夏基金的发展战略等重大决策，他个人有较大话语权。"因此，在具有不确定性的发展战略上，他敢于去尝试，敢于去拍板。"曾任职华夏基金中层的一位员工认为，能够说了算，是范勇宏能够把华夏基金做成行业第一的重要原因。

从华夏基金在行业独家推行理财中心一事，就可看出范勇宏在华夏基金的话事权。

从 2001 年以来，中国股市持续低迷，基金销售极度困难，深受银行渠道的制约。范勇宏决心学习富达模式，建立连锁理财中心，加大直销力度。尽管各家基金都知道直销的重要性与必要性，但设立直销网点投入大、产出慢，因此，至今除华夏基金外，没有基金公司再作这方面的尝试。即使在华夏基金内部，当年对此事的争议也很大，但范勇宏力排众议，决心一试。2004 年 7 月，华夏基金第一个理财中心北京金融街理财中心成立，到现在，华夏基金已建成了 19 个理财中心，分布在北京、上海、广州等 8 个主要城市。

范勇宏的远见得到了回报。在 2006 年、2007 年基金规模大跃进之后，A 股市场走进了漫漫熊市，股票基金发行陷入困境，银行渠道的要价越来越高，如今，银行向基金公司收取的尾随佣金普遍已高达管理费的五成，新基金发行赔本赚吆喝已成行业常态。而华夏基金理财中心模式对摆脱渠道的制约发挥了很大的作用，"我们现在发几个亿规模的专户产品，不用跑银行，直接从理财中心就可以做到几个亿的规模。"华夏基金一市场部员工说，到 2012 年，华夏基金的直销，已达 30% 的比例。

折戟社保组合
重整投研团队

自 1998 年成立以来，范勇宏掌舵的华夏基金一直保持快速发展。

然而，成功自古多磨难。2005 年中，华夏基金管理的社保 103 组合合同被终止。

华夏基金突遭挫折。

2002 年底，全国社保理事会面向"老十家"基金公司选聘委托投资管理人，南方、博时、华夏、长盛、鹏华、嘉实六家最终入选。2003 年 6 月 6 日，社保基金理事会将社保资金划拨给 6 家管理人，合同期限两年。然而，长期业绩优良的华夏基金在社保基金管理上遇到了严峻挑战，其管理的 3 个社保组合业绩排名靠后，社保 103 组合业绩垫底，虽然最后一个月改任王亚伟为该组合投资经理，但时间太短，王亚伟也无力回天。2005 年 6 月 6 日，社保 103 组合业绩排名最后。社保基金理事会决定终止委托管理合同，不再续约。

这是华夏基金异常黯淡的一天。这一天，也是中国证券史上有重大代表意义的一天，当天上证指数盘中创出新低 998.23 点。

范勇宏的心情，同那天的股市一样跌入低谷。就像一个优等生，每次都考前几名，突然考试不及格，非常难以接受。

这一事件让范勇宏深刻体会到：做投资最公平，你做得好，谁也抹杀不了；做投资也最残酷，你做得不好，谁也帮不了你。他更加确信投资业绩对资产管理公司的重要性，痛下决心，大量扩充人才队伍，重建一个强大的投研团队，他要用最优秀的人才，做最出色的业绩。

范勇宏把绝大部分精力用于投研团队的建设。公司招聘投研人员，他都要亲自面试。他选人的标准是：正直、诚信、有责任感、有事业心、有天赋。

他开始内外两手抓，对内，派王亚伟去美国学习三个月；对外，引进刘文动、巩怀志、杨爱斌等资深投资经理，并从中金研究所、海外知名机构引进了很多优秀的人才。

2005 年 12 月，王亚伟从美国归来，提出辞去投资总监一职的申请，专心做投资，范勇宏同意了他的请求。王亚伟接过华夏大盘基金，用六年半的时间为持有人赚取了超过 10 倍的收益率，创造了基金业的投资神话。

刘文动接替王亚伟出任投资总监，之前任职鹏华基金的刘文动，在研究方面有丰富经验；杨爱斌之前任职平安保险，在固定收益投资方面做得非常出色，在两人的协助下，范勇宏为华夏基金建立了业内一流的投研团队以及一流的固定收益团队；巩怀志作为基金经理，所管理的基金也取得了非常出色的业绩。

对投研队伍，范勇宏舍得投入。

早在华夏基金成立之初，范勇宏就有一个想法，公司的投资决策不能依赖卖方研究，要有自己独立的买方研究。在他看来，卖方的报告缺乏独立性，而且是所有买方共享，如果只想做一个平庸的投资者，获取市场平均回报，依赖卖方的研究报告是可以的，但如果想做出色的机构投资者，卖方研究只能作参考。

但要建立独立、完备的研究团队成本投入较大，公司成立初期还不具备相应的条件。随着华夏基金资产管理规模不断壮大，公司营业收入不断提高，范勇宏开始逐步实施这一想法。到 2007 年，华夏基金投研团队已经有上百人，强大的研究阵容不单是在基金公司中首屈一指，与国内大型券商也不相上下。

范勇宏的目标是要做市场的引领者，对卖方研究，一般只看他们的数据，不看结论，"特别是大的投资战略，更要作出独立的判断。"他说。

范勇宏深知，人才是基金业的核心竞争力，要吸引人才，还要留住人才。中国基金业没有合伙文化、没有股权激励，更多要靠感情留人、靠事业留人，必须给人才创造足够的空间，让他们的才能得到充分施展，同时，尽可能给予激励。在华夏基金，谁的贡献大，谁的收入就高，优秀投资人员的收入，往往比身为总经理的范勇宏还要高。

在对投研团队的培养上，范勇宏也舍得花时间：他会带新研究员去爬山；会在基金经理业绩下滑时给予关心；会在投研例会上向基金经理提问……"基金经理都怕他提问，因为他会问得很细。"曾任职基金经理的华夏基金副总经理林浩说。

如同在东四营业部一样，范勇宏在华夏基金一直倡导员工要遵纪守法，违规的钱坚决不赚。他经常对公司的基金经理说：好好学本事，将来可以做私募，出去赚大钱，不要做鸡鸣狗盗之徒，不要违规操作，偷偷摸摸赚点钱，胆战心惊，结果还可能东窗事发，最后毁了自己、毁了家庭、毁了公司，有什么意义呢？

如果华夏基金是一个剧组，范勇宏就是导演，以王亚伟为代表的优秀基金经理则是大腕明星。大腕往往水平高，也比较有性格。对他们的管理既需要科学，还需要艺术。"我们公司形形色色，什么样性格的人，范总都能包容。"华夏基金一员工说。范勇宏胸襟宽阔，长于识人、用人，在华夏基金深受好评。

范勇宏与王亚伟的关系成为业内佳话，从 1995 年王亚伟加盟东四营业部，与范勇宏同事 18 年，在王亚伟投资业绩出现下滑的低迷期，范勇宏对他不离不弃，王亚伟的投资业绩从 2006 年开始一飞冲天。在某种程度上，是范勇宏倡导的投资文化和对投资人才的爱护有加成就了王亚伟，当然，王亚伟成名之后也反过来成就了华夏基金。

"我跟王亚伟是和而不同。"范勇宏说。

从华夏基金离开的优秀基金经理，比如江晖、孙建冬、石波、张益驰、戴勇毅、杨爱斌、王亚伟、刘文动、巩怀志等都是自己出去创业，很少有跳槽到别的基金公司的。"做公募，华夏基金是最好的平台，离开的人基本上都是为了创业，而不是跳槽。"一位离开的基金经理说。

通过一系列改革，华夏基金的投资管理能力逐渐调整到一种比较理想的状态。与此同时，华夏基金的理财中心也在扩张，中后台的建设也在加强，投研、营销、中后台协调发展，一切已准备就绪，就等待一次爆发的机会。

范勇宏表示："没有社保 103 组合的受挫，或许就没有 2007 年、2008 年华夏基金的辉煌。"

大局观成就大战略
大转折创造大华夏

在华夏基金励精图治、大力打造投研团队的时期，市场的脸已悄悄改变。一场史无前例的大牛市，正在走来。2006~2007 年，中国股票市场迎来了波澜壮阔的大牛市，上证综指从 1 100 点附近一路高歌猛进，到 2007 年 10 月 16 日触摸到 6 124.04 点，涨幅超过 5 倍，从 2005 年 6 月 6 日的最低点算，这一轮牛市涨幅超过 6 倍。

大资金运作，必须要有前瞻性与大局观。2005年4月，股权分置改革启动，在2005年6月6日创下新低之后，沪深股市便一路震荡向上。2006年初，长期关注中国政治、经济并有深入认识的范勇宏作出判断，一轮大级别的牛市已经到来。"宏观经济形势很好，股权分置改革又解决了制度问题，股市走牛的理由已经相当充分。"在华夏基金投决会上，范勇宏如此说。

华夏基金开始积极布局牛市，王亚伟管理的华夏大盘基金初露锋芒，以91.47%的收益获半程冠军，全年以154.49%的收益排名第12。虽然2006年华夏基金旗下偏股基金业绩只是小有起色，但为2007年作好了充分的准备。2007年，是华夏基金的决战之年，华夏基金跟同业拉开了巨大的差距。从第一季度开始，华夏基金整体业绩较好，规模稳居第一，华夏大盘更表现突出，第一季度即以比业绩基准高出30%多的收益率稳居第一。到2007年第三季度，华夏基金旗下多只股票方向基金的业绩，都排在同类基金前列。

牛市第一役，华夏基金大获全胜。

然而，更具有决定性意义的一战不是进，而是退。

2007年下半年，牛市疯狂的情绪演绎到极致。在8月23日上证综指攻克5 000点之后，空头已消失殆尽，各种机构有的忽悠牛市下半场，有人高叫"10 000点"，还有的在争"黄金十年"的"版权"。

当时，也是老百姓"基"情烧得最旺的日子：各大银行每逢新基金发行，就会出现排队大军，甚至出现半夜排队的盛况，新基金基本上都是一日售罄。为了控制风险，监管层要求基金公司控制首发规模，基金必须按比例认购。认购基金的狂潮在10月15日达到顶峰，当天，上投摩根亚太优势基金发行当日认购资金高达1 162.61亿元，最终确认的募集规模为295.72亿元，成为迄今为止单日募集规模最大的基金。

风险，这个股市的常用词，在当时竟显得如此的陌生，如此不合时宜。

随着股市不断上涨，范勇宏对市场开始有一种如履薄冰的谨慎。2007年8月，我三次开会遇见范总，他每次都跟我讨论说："不能做了吧，不能再做了吧。"前知名基金经理归江，还清楚记得当年的情景。

在经济形势一片大好，投资者每天都在赚钱，处处欢歌笑语的牛市末期，想要独善其身非常不易，特别是基金，老百姓只申购不赎回，天天都有钱进来，基金净值每天都在上升，"当时做投资特别简单，钱不停地进来，你只需要不停去买入就行了。"一基金经理感慨地说。

华夏基金当年的业绩非常出色，排名非常靠前，要退出这个游戏，意味着很可能被市场抛弃、被同行超越。

范勇宏心里矛盾着。

"上证综指涨到4 000多点，感觉已经差不多了，5 000点以上，我越来越担心，开始有了减仓的想法。"范勇宏回忆道。当时，理性的投资者都有同样的担心，基金公司总经理开会，都在讨论市场有泡沫不理性，但大家都互相攀比，你多少仓位我就多少仓位，都很难采取行动。

虽然没有采取行动，范勇宏的思想却一直在波动，一直反复考虑减仓的问题。在公司投研会议上，他提议减仓，但讨论讨论就被否定了，"这时候很痛苦，明知泡沫总有一天要结束，都想减仓，但又都怕减仓后市场继续上涨。减了怕涨，不减又怕跌，机构都互相看着对方，谁第一个减仓，肯定要冒很大的风险。"范勇宏说。

随着市场越来越疯狂，范勇宏心中理性的声音越来越占据上风。

2007年9月，在市场一片乐观声中，首批QDII基金南方全球精选、华夏全球精选发行。为了筹备QDII基金，华夏基金组建了海外投资团队，开始关注全球市场，也开始用全球的视野来看中国市场，相比之下，A股市场的估值太高。这更加坚定了范勇宏减仓的决心。

经过国庆节一个长假的思考，2007年10月8日，范勇宏宣布召开投委会临时紧急会议讨论市场形势。会议最终认为，股指在突破5 500点之后，资金面随时可能发生逆转。

范勇宏减仓的念头越来越坚决：华夏基金是最大的公募基金，应该做市场的引领者而不是跟随者。

华夏基金公告，决定自 2007 年 10 月 9 日起对华夏现金增利基金申购业务进行限制，单日每个基金账户累计申购金额不超过 1 000 万元。10 月 10 日，华夏基金再度公告，决定自 2007 年 10 月 10 日起暂停华夏红利基金的申购、转换转入及定期定额业务。

2007 年 10 月 15 日，范勇宏参加在北京金融街威斯汀酒店举行的"中法基金论坛"，与会人士对 A 股市场一片乐观。他们本应是市场上最理性的机构投资者，在 5 000 点时都表现得很谨慎，在 6 000 点的高位却忘记了风险，大家都在热烈讨论，股市还会涨多少点，这种情景，让范勇宏本就绷紧的神经更加敏锐地感觉到，市场在一片乐观之中潜藏着巨大危机。

当天中午，会议一结束，范勇宏匆匆赶回公司，紧急召开投委会临时会议。他提出，把基金仓位集体降到 60%。但基金经理正处于最猛烈的拼杀阶段，几乎都不愿意停下来。5 位投委会成员，只有范勇宏不是基金经理，他减仓的决心最大，在反复讨价还价之后，华夏基金投委会最终作出了"强制性集体减仓"的决定，要求所有主动型股票基金仓位上限降至 78% 以下。在当时，作出这一决定的风险很大，如果市场真如卖方预测那样涨到 8 000 点、10 000 点，华夏基金业绩势必落后，规模也会受到影响。但范勇宏不再犹豫，并作好了承担一切后果的准备。

在会上，基金经理提出了一个尖锐的问题，如果减仓后指数大幅上涨，基金业绩落后，基金经理怎么考核？范勇宏决定，当年基金经理的业绩考核只截至 10 月 15 日的排名，以打消基金经理的顾虑。对一些找各种借口延迟减仓的基金经理，他也提出了批评。

同时，华夏基金发布公告，自 10 月 15 日起暂停华夏回报、华夏优势增长、华夏蓝筹核心基金的申购、转换转入及定期定投业务。

10 月 16 日，上证综指冲高回落，之后，股市经历了一场罕见的熊市，上证综指一路下跌至 2008 年 1 664.93 点，当日最高点 6 124.04 点，已经成为多年难以企及的历史高点。

现在回想起来，范勇宏还是觉得在最高点决定减仓是一种幸运，"没人知道市场会涨到什么程度，按照当时的疯狂，市场再涨 2 000 点也是可能的。我们 15 日减仓，指数 16 日见顶，的确在意料之外，也许是运气吧。"

这令人惊异的神来之笔，既来自范勇宏始终如一对持有人利益的保护，更来自他对宏观、对市场大趋势的长期关注与把握能力。在 2013 年 4 月出版的《基金长青》一书中，范勇宏提出了 A 股投资要有"契合时代发展的大局观"的观点，他认为只有具有全球视野和研判中国政经时局的能力，才能够对中国经济走向和 A 股投资方向作出更为准确的预判，从而占得先机。对此，业内普遍认为这是 A 股投资的大智慧，也是华夏基金投资成功的核心秘密所在。事实上，华夏基金在投资方面的诸多重大成功之作，范勇宏的大局观都起到了至关重要的作用。

这一决策，成为华夏基金重大的转折点，华夏基金 2007 年获得了相当优异的业绩，公司旗下基金遍地开花、群星闪耀，华夏大盘以226.24% 的收益率在所有基金中排名第一，华夏红利以 169% 的增长率列偏股型基金第一，华夏平稳增长净值增长率 160%，列 24 只平衡型基金第一。华夏基金整体投资业绩也处于领先的地位，全年华夏基金所有股票基金平均收益率排名在 51 家公司中位居第五，作为管理资产 2 000 多亿元规模的大基金公司，获得这一业绩殊为不易。华夏基金抓住历史性的牛市，使投资者看到了创造财富的效应。

2007 年，华夏基金迅速拉开与其他基金公司的距离，以 2 657 亿元的规模坐上了基金业老大的位置，直至今日，华夏基金仍稳居第一。

2008 年，受美国次贷风暴的冲击，A 股市场突然转入历史性的大熊市，上证综指全年下跌 65%，从 2007 年的最高点 6 124 点到 2008 年的1 664 点，上证综指跌幅高达 72%。市场没有最低只有更低，虽然绝大部分人意识到市场会下跌，但没有人想到会跌得这么惨，这么深。

2007 年 12 月，在北京金融街威斯汀酒店举行的华夏基金 2008 年度投资策略会上，范勇宏提出了 5 个不确定：2008 年经济走势、通胀运行态势、美国次贷危机、宏观调控力度、奥运会因素等都具有很大的不确定性。华夏基金投委会最终决定，坚持采取防御性投资策略，尽量降低股票仓位，加大债券投资力度。2008 年，华夏基金旗下股票方向基金虽然没有取得绝对回报，但相对回报在所有基金中排名第二，远高于同等规模的基金公司，华夏基金旗下基金表现优异，多只基金在同类产品中排名居前，特别是华夏大盘在同类基金中排名第二，连续两年业绩优异，在众多基金中脱颖而出。

2008 年，基金业规模整体缩水 40.81%，一些在 2007 年激进的基金公司规模缩水近五成，而华夏基金 2008 年底资产管理规模为 1 980 亿元，缩水 25.5%，较第二名嘉实基金的 1 375 亿元多了 600 多亿元，华夏基金与行业其他基金公司的差距拉大。

当年，范勇宏荣获《亚洲投资者》评选的"亚洲资产管理业最有影响力的 25 人奖"，中国内地只有三人入选：郭树清、楼继伟、范勇宏。

2009 年，当投资者还未从 2008 年超级大熊市的阴霾中走出，还在为巨额亏损伤心欲绝时，A 股市场快速上演了一场超级大反弹，上证综指从年初的 1 849 点上涨到 8 月 4 日的 3 478 点，大涨 88%，从 2008 年 10 月 28 日的最低点 1 664 点起步，上证综指上涨了一倍多。

2008 年 11 月初，政府推出 4 万亿元刺激经济计划，市场在短暂的反弹后，再度陷入震荡之中。11 月 28 日，华夏基金在三亚召开年度投资策略会，投委会作出决议：2008 年底前将股票型基金仓位从 60% 左右提高到中性偏高水平，允许 QDII 基金仓位接近 90%。

2009 年初，政府陆续出台"十大产业振兴规划"，在经济复苏预期和充裕流动性的推动下，A 股市场强势上涨，已经作好准备的华夏基金再度取得了优异的业绩，2009 年，华夏基金旗下所有股票方向基金业绩在所有基金公司中排名第 15 位，在大基金公司中排在前列。

华夏基金投委会很少对股票型基金的整体仓位作出强制性要求，但 2007 年 6 000 点以上强制减仓和 2008 年底强制加仓，分别逃了大顶和抄了大底，对华夏基金 2007 年、2008 年、2009 年三年整体业绩的优异，起到了至关重要的作用。

2009 年，华夏基金管理资产规模回到 2 657 亿元，第二名易方达管理资产规模为 1 595 亿元，相差过千亿元。

一则小故事，可以看出当年华夏基金在市场上的影响力。2010 年 11 月 11 日，市场传言有一家规模排名靠前的基金公司总经理被双规，暗指范勇宏。股市在快速上涨后尾盘跳水，12 日，上证综指下跌 162 点，跌幅为 5.16%，16 日，上证综指再跌 119 点。很快，真相大白，范勇宏因为在北京一家医院做喉咙息肉手术，手机关机。但有人故意借此造谣，做空 A 股，以便借股指期货获利。一个公募基金公司老总被双规的传言，居然引发 A 股市场近 300 点的暴跌，有人戏称，范勇宏享受了一把"正部级待遇"。

效私募做公募
重业绩轻规模

如果说，在 2007 年最高点减仓，终于成就了华夏基金优秀的投资业绩；而在最高点关闭基金，最大限度地保护了投资者的利益，则成就了华夏基金 2007 年以来的行业老大地位。

"2007 年如果放开做，华夏基金可以做到 5 000 亿元规模。"范勇宏如此说。如果你经历过 2007 年的疯狂，就不会觉得 5 000 亿元是个天文数字。那是基金业大干快上、跑马圈地最火热的年代，老百姓半夜排队买新基金、新基金按比例配售，事后看来最荒唐的事情，在当时不断涌现。

在当时，像华夏基金这样的大公司，不用作任何营销宣传，每天都有几十亿元资金蜂拥而至，基金公司靠管理规模赚钱，对于资金，自然是韩信用兵，多多益善，但华夏基金最终还是决定关闭基金。"只要稍微懂一点投资的人都知道，当时买股票风险真的很大，己所不欲，勿施于人，如果你自己都觉得有风险，不敢买，为什么还要去忽悠别人？如果钱拿来不用，又何必再要？"范勇宏表示。

主动劝退客户，在华夏基金的历史上并不鲜见。2009 年 7 月，华夏沪深 300 指数基金发行，三天共募集 247 亿元，范勇宏感觉到市场又有些疯狂，他再次变得警惕，"也不是不看好，但就是找不到上涨的理由。"他说。

这一年也是企业年金大发展的时期。华夏基金品牌好，客户往往会主动找上门来。因为不看好市场，范勇宏希望等市场转好再做，"企业以为我们拿架子，对我们意见很大，有时候只好折中少要一点。结果市场连续几年下跌，客户终于知道，华夏基金确实为他们着想。"

他同时决定，想办法退回专户理财资金，取消投资顾问业务。当时很多投资者不理解，给钱为什么还不要？银行也说没到期，不愿意退，辛苦拉来的钱要退回去，营销部门也有意见。范勇宏却异常坚决地说：既然不看好后市，钱拿来也没有用，一定要退回去。后来，华夏基金陆续退回了 150 亿元专户理财资金，这对一只产品两三亿元规模的专户来说，是一个相当大的数字。如果银行和客户实在不愿意退，只好留下，但外面想要进来的钱，就不让再进了。范勇宏安抚营销部门，钱虽然退回去，奖金照样发。

对范勇宏来说，投资者越是信任华夏基金，就越要珍惜自己的声誉，为投资者着想。范勇宏喜欢用刘备托孤诸葛亮，来比喻持有人对基金的信任关系。基金既没有担保，也不需要抵押，投资者凭什么将亿万元资金交给基金公司管理？凭的就是一个信任。面对这样的信任，诸葛亮选择了鞠躬尽瘁，死而后已，那基金公司该怎么做？

早在 2000 年，华夏基金就确立了"为信任奉献回报"的企业宗旨，并在之后的业务开拓和实践中，始终坚持这一理念。在范勇宏看来，投资和回报是不可分割的，拿了客户的钱，不只是提管理费，更重要的是要给客户回报。"这份钱是沉甸甸的，没有把握的时候，最好不要拿。"他深刻地说。

范勇宏认为，投资的一个鲜明特点是事后惩罚。为什么在 2008 年之后，公募基金的路越走越窄？因为 2008 年的大发展被事后惩罚，过度追求规模、过度营销，就如同过度追求 GDP，必然带来负面效应。

2010 年 9 月，很少在媒体上出现的范勇宏在达沃斯会议上语出惊人：基金业的可持续发展并不在于规模，而在于正确处理好规模增长和投资业绩之间的关系，单纯追求规模的扩张，什么基金好卖就发行什么基金，短时间内看，规模是迅速扩大了，但业绩却不一定理想，特别是在市场高点发基金，一次能发几十亿元甚至上百亿元，结果却往往以投资人亏损告终，损害了投资人的利益。基金公司失去了投资人的信任，最终也会损害自己的利益。

这是范勇宏多年管理华夏基金的心得，在实际工作中，他也始终坚持这一理念。2002 年，华夏开放式债券基金发行 51 亿元，创基金首发纪录，范勇宏在"得胜回朝"后却忧心忡忡，"这并不是范总理想的状态，范总宁愿依靠基金的业绩慢慢扩张。"华夏基金市场部负责人说。2009 年，华夏盛世半天发行 180 多亿元，"后来范总多次说，如果当时少发一点，现在华夏基金品牌可能会好一点。"上述人士说。

2009 年，国际著名金融杂志《机构投资者》（*Institutional Investor*）采访范勇宏，当范勇宏谈及华夏基金在牛市最疯狂时关闭基金，这些见多识广的老外也很吃惊：给钱难道真的不愿意要吗？怎么可能？他们说，美国的共同基金有 100 多年历史，也做不到这一点，在关键时刻往往还是会把为股东赚钱放到客户利益前面，在发展中国家、在新兴市场，更不可能做到这点。在了解真实情况后，他们深表钦佩，并说："在美国，只有少数优秀的私募才这么做，你们真了不起。"

"跟美国人聊起这件事，我们真的很自豪。"范勇宏告诉记者，"我对他们说，虽然你们历史很悠久，我们也一直在向你们学习，但现在看来还得批判地学。"

在美国，有一些优秀的私募基金管理者，比如索罗斯就曾在高点关闭基金，劝退投资者，以保护投资者利益。"我们就是向美国这些优秀的私募学来的。"范勇宏说。

范勇宏表示，自己是用私募的理念、对冲基金的理念做公募，所以，能够把投资者利益放在规模的前面，能够在股东利益与投资者利益冲突时，把投资者利益看得更重一些。

记者曾多次采访范勇宏，听他说到最多的一句话就是"保护投资者利益"。在一次采访结束闲聊时，范勇宏对在场的市场部员工说，你们别光顾着忽悠老百姓买基金，还得考虑老百姓能否赚钱，资产管理行业没有客户就毫无价值，不能把保护投资者利益当成一句口号或者卖基金的噱头。

合并中信基金
深陷人事困局

通往成功的道路，从来不是平坦的金光大道。在华夏基金走出103组合事件阴影并成为基金业领头羊的时候，范勇宏又迎来了严峻考验，吸收合并中信基金。这也是迄今为止，中国基金业历史上唯——次合并。

此事起源于华夏基金的股权变更。

华夏基金成立之初，华夏证券、北京证券、中国科技国际信托作为发起人分别持股55%、38%和7%。1999年，华夏证券因违规被北京市政府接管，并于2003年被迫出售所持华夏基金的股权，华夏基金股东变更为：北京市国有资产经营公司和北京证券各自持股35.725%，西南证券持股25%，中国科技证券持股3.55%。北京市政府通过北京市国有资产经营公司和北京证券实现了对华夏基金的控股。

2005年8月，中信证券联手建银投资注资华夏证券，将其重组为中信建投证券公司，帮助北京市政府解决了华夏证券重组这一难题，也因此在华夏基金股权转让上占据了优势。从2006年3月到2007年9月，中信证券动用9.2亿元资金，分四步从各方股东手上收购了华夏基金100%的股权，成为华夏基金唯一的股东。

根据2004年颁布的《证券投资基金管理办法》及《实施通知》要求，内资基金公司主要股东的持股比例不得超过49%，且股东之间不得有关联关系。中信证券持有华夏基金100%的股权，显然不符合法规。有华夏基金前独立董事告诉记者，当时曾提出反对意见，中信证券承诺会尽快转让华夏基金51%的股权，独立董事才勉强签字同意。

而中信证券同时控股中信基金，不符合证监会"一参一控"的要求。因此，在中信证券入主华夏基金之后，有关"华夏基金与中信基金将合并"的消息在业内传开。2006年9月，中信证券公告将增持中信基金51%的股权，2007年6月得到证监会批准，中信证券也成为中信基金的单一股东。

华夏与中信两家基金公司合并事宜，就这样被提上议事日程。

中信基金由中信证券一手创立，因此，外界也曾有猜测认为，中信基金会合并华夏基金。

实力决定一切，到2007年中，华夏基金管理13只基金和多只社保组合，拥有业内最全的业务资格，管理基金资产规模为2 000多亿元，而中信基金旗下四只基金，管理资产规模在100亿元以下。

2007年12月，中信证券公告董事会决议通过华夏基金吸收合并中信基金。

2008年8月，华夏基金和中信基金同时发公告拟进行合并。

两家公司合并，有很多技术方面的困难和细节，但各界更为关心的是两家公司的人员和文化整合问题。怎么处理复杂的人事关系？两套人马，谁走谁留？这对范勇宏来说，无疑是一个巨大的考验。经过各个方面的共同努力，2009 年 1 月，原中信基金 81 名员工中的 76 名完成了劳动合同签订，同时，华夏基金收编中信全部四只基金，中信基金注销，两家公司终于平稳合并。

合并后的华夏基金董事长由中信证券董事长王东明担任，范勇宏继续任总经理。

业内人士评价，这是在公募基金牌照高度垄断、在一控一参制度下发生的行政主导的合并，而非市场化的，对相关各方并无价值可言。按照华夏基金的品牌号召力，发一只新基金可能都不止 80 多亿元，而为了 84 亿元，要接受中信基金 80 多个人，这样的合并显然劳民伤财；对中信基金而言，合并周期长，过程复杂，对人员的稳定性影响也很大。

在终于完成吸收合并之后，范勇宏依然面临新的难题。由于中信证券仍然持有华夏基金 100% 的股权，不符合监管规定，监管部门决定，从 2010 年 1 月 1 日起暂停华夏基金新产品和新业务申请，一直到 2012年上半年，在长达两年半的时间，华夏基金没有发行过一只基金产品。

在这段时间里，正是基金公司新产品大规模发行，新业务不断推出的时期。据统计，2010 年至 2012 年上半年的两年半时间里，基金公司共计发行产品 470 只。

凭借以往积累的优势，华夏基金管理规模仍始终保持行业第一名。

"经历了这么多股权变动与行业史无前例的吸收合并，华夏基金仍能保持行业第一，我都觉得挺不容易。"范勇宏坦率地说。

更为难得的是，得益于范勇宏一直倡导的合规守法的经营文化，作为行业老大，华夏基金以及公司员工从未因为违规违法受到处罚，基金黑幕、债券代持、老鼠仓等负面案例，均与华夏基金无关。

2011 年 12 月 15 日，中信证券公告，中国证监会核准中信证券将持有的华夏基金 51% 的股权转让给南方工业资产管理有限责任公司、山东省农村经济开发投资公司、加拿大鲍尔集团（Power Corporation of Canada）、山东海丰国际航运集团有限公司、无锡市国联发展（集团）有限公司。

中信证券对华夏基金的投资回报惊人。

2007～2011年，华夏基金每年持续向中信证券分红累计达到34.49亿元。2011年底出售51%的股权，中信证券收入83.44亿元。以此价格计算，中信证券仍然持有的华夏基金49%股权的价值为80.16亿元。

这也就意味着，从2006年中以9.2亿元全面控股华夏基金，短短4年多，中信证券以分红、出售和持有股权形式获得的权益高达198.10亿元，收益率超过20倍。

在范勇宏管理华夏基金的15年中，从最初的控股股东华夏证券到中信证券，先后入股华夏基金的九家股东都从华夏基金得到了丰厚回报。同时，华夏基金也为持有人贡献了丰厚的回报，2012年5月10日，华夏基金发布公告表示，公司成立14年来为广大基金份额持有人累计分红达到785亿元，为股东创造了198.28亿元的投资回报。

无所从来
亦无所去

2012年5月8日，华夏基金召开董事会，范勇宏辞去总经理职务，任华夏基金副董事长。

同日，华夏基金公告，明星基金经理王亚伟辞职。

消息一出，市场震动，并立即成为各大财经媒体的头条新闻。

至此，"老十家"基金公司的首任总经理，悉数离任。范勇宏的离任，标志着一个时代的结束。

早在2007年中信证券入主华夏基金之后，业界就已有猜测，范勇宏有可能会离职。其理由是中信证券在市场上向来以背景深厚、作风强势著称，在它入主之后，华夏基金恐怕很难保持原有的独立性。范勇宏本人与中信证券并无渊源，也难以获得它的放手支持。

在监管部门2010年暂停华夏基金新产品发行和新业务开拓后，在较长一段时间里，中信证券在转让华夏基金股权一事上仍然按兵不动，华夏基金的业务发展受到限制。这种态度，更让外界生疑。业界有观点认为，在夺取华夏基金控制权与华夏基金的业务发展两个目标发生冲突时，中信证券是宁可牺牲华夏基金的发展，也要取得华夏基金控制权。

有人甚至认为，范勇宏将华夏基金带到行业第一，也正好刺激了股东"摘桃子"的欲望。

尽管暗流涌动，但无论是中信证券、华夏基金以及范勇宏本人，当事各方，均三缄其口，保持沉默。2010年、2011年，华夏基金继续保持行业第一。知情人士称，这得益于华夏基金独特的董事会制度设计，在董事会的奥援下，华夏基金管理层仍然较好地维持了日常运营管理的独立性。"范勇宏是一个在事业上追求极致的人，做事情总想做到最好。"该人士说。

在离职传闻四起的日子，范勇宏仍然心无旁骛，专心做好华夏基金。"不管你对我怎么样，我只要在做，就要做好，对得起客户、员工，也对得起自己。"范勇宏没有太多考虑个人得失，"人生就是一个过程，最终你什么都带不走，就算写上你的名字打上你的标签，又能拥有多少年呢？"他感慨地说。

在范勇宏的朋友眼中，他是典型的60后，有理想、使命感和责任感，希望能做一番轰轰烈烈的事业。从小在苦难中长大，有顽强的毅力，有面对挫折、克服困难的勇气和韧劲。远大的理想和坚强的意志，成就了范勇宏，也成就了华夏基金。

范勇宏觉得自己很幸运，"我们这一代人虽然小时候吃了一些苦，却也在年轻时赶上了中国改革开放的重大历史机遇。"

怀着这样的感恩之心，范勇宏将华夏基金当成自己的事业去做。在华夏基金的 15 年中，他也曾经有很多机会，可以去政府、银行或者回到券商，甚至有可能获得更大的平台，但他都放弃了，"无论国家干部还是国企老总，都是多我一个不多，少我一个不少，没什么意义。"他说。

范勇宏在公司动荡期的坚持，稳住了华夏基金的团队，也稳住了华夏基金行业第一的地位。

2011 年底，华夏基金股权转让一事尘埃落定。随着 5 家新股东的进入，华夏基金董事会面临改选。华夏基金管理层面对股东、面对董事会，再无可能继续保持原有的独立性。

对于范勇宏来说，独立性是成就华夏基金最根本的基础，离开独立性谈发展，无异于缘木求鱼。

此时，范勇宏的离去，也就成为必然。

2012 年 5 月，范勇宏正式提出辞职，虽然新股东多方挽留，老股东也希望他留下，但范勇宏却执意要走。

2013 年 6 月，范勇宏辞去华夏基金副董事长以及董事职务，彻底结束与华夏基金的工作关系。

离开华夏，范勇宏没有遗憾，15 年的艰苦创业，也是他的无悔岁月。"在目前的体制下，我已经交出了最好的成绩，很难再超越了。"

范勇宏认为，人生就像登山，享受的是过程，真上了山顶，则是高处不胜寒。"真正的风光并不在山顶，看着很高很了不起，其实很寒冷，真正的风光在创造成绩的过程中。到了绝顶处便是下山时，你必须重新再来，挑战另一座高峰。"他说。

从苦难的童年、艰辛的少年一路走来，有一种与生俱来的向上的力量，在始终牵引着范勇宏，让他不断超越自己，登上一座又一座的高峰。

所以，范勇宏一直在不断地放弃：放弃条件优越的建行，放弃业绩辉煌的东四营业部，放弃奋斗了 15 年的中国最大的基金管理公司——

华夏基金。

范勇宏热心公共事务，曾任中国证券业协会副会长，中国证监会第三届、第四届发审委委员，北京市第十二届、第十三届、第十四届人大代表。

2010年，范勇宏发起"中美基金经理论坛暨香山财富论坛"，由中美知名基金经理共同探讨中美经济与资本市场走向，探索中国财富管理业的发展之路。这是基金行业迄今为止最具影响力与专业性的非官方论坛。

2012年6月6日，中国基金协会成立，范勇宏出任副会长。

2013年4月，范勇宏著作《基金长青》问世，在业内引起相当大的反响，第一次印刷的一万册很快售罄，出版社又紧急加印一万册。"这本书不是写出来的，而是范总用15年的实践做出来的。"有保险公司人士如此评价。

范勇宏的下一步也广受关注。在接受采访时，他表示，暂时还没有确定的想法。"无论是否成功，只要还有梦想，还有激情，就是幸福的人生。"在他看来，人类所有的智慧都归结为《基督山伯爵》里的五个字：等待和希望。

范勇宏认为，随着新基金法的实施，基金行业更加市场化、也更加尊重专业人才的价值，如果环境具备，创业也是不错的选择。如果选择创业，过去的成功会不会成为包袱？范勇宏看得很开，他说，是非成败转头空，过去就算有一些成绩，也没什么了不起，倒回去二十年，大家也都一样，一无所有。

《金刚经》云：如来者，无所从来，亦无所去，故名如来。

未来，范勇宏还有很多可能。相信，他还会创造另一种辉煌。

高良玉

《诗经·卫风·淇奥》云："有匪君子，如切如磋，如琢如磨。"
高良玉恰似此君子，亦如一良工。
精研细磨之下，南方基金卓然成器。

高良玉：琢玉良工　器成南方

2013 年 4 月 10 日，在深圳福华一路免税商务大厦楼下的 COSTA 咖啡店，记者见到了已卸任南方基金总经理的高良玉，天蓝色运动服上装搭配灰色休闲裤，儒雅亲切。这位在基金业举足轻重的人物，此刻终于呈现出难得一见的轻松神情。

"这么多年了，一直在高压下工作，我真的也需要停下来休息一阵了。"高良玉感慨地说。午后的阳光透过玻璃窗打在了他有点疲惫的脸上，这是一张岁月与经历雕刻过的清秀面庞。透过他坚定的目光，记者仿佛看到 15 年前刚到南方的那位淳朴朝气的青年，那是在 1998 年基金开元的上市仪式上，照片中的高良玉笑得无比灿烂，他的身后是深交所即时报价的电子屏幕，上面显示出基金开元的开盘价——1.37 元。

时光飞逝如电。随着咖啡厅缓缓流淌的背景音乐和记者的提问，伴随高良玉一路成长的记忆开始被激活，他平静地讲述起自己的故事。

生活的压力
转变成生命的张力

1965 年，高良玉出生于安徽省安庆市枞阳县一个贫穷的村庄。上山放牛，下河抓鱼，割草、摘棉花、做手工……在贫苦的生活中，高良玉慢慢地长大。

1980年，他考上安徽浮山中学。这是一所农村高中，学校三面环水，环境虽然优美，但生活异常艰苦，学生们常年不见荤腥，萝卜白菜当家，偶尔吃上黄豆就算是改善生活。没有开水，饭后就舀一瓢凉水喝。

对于高良玉和他的同学来说，考上大学是他们改变命运的唯一机会，他们只有全力往前冲。命运对于这群孩子来说，并不存在选择题，要想摆脱父辈的贫穷与苦难，就只能付出常人难以想象的努力。

多数中国企业家的命运大抵都循着这样一个轨迹，生活的压力被一颗顽强的心转换成了生命的张力，绽放出浓烈的生命之花。无论生活怎么艰辛，他们始终一如既往。

1982年3月，在高考前四个月，高良玉病倒了，他脖子上的肿瘤被医生诊断为恶性肿瘤，"相当于判了死刑"。家里人都劝他不要参加高考。但高良玉坚决不同意，一定要参加考试，一定要实现上大学的理想，哪怕最后因为身体问题无法入学。

手术后休息两个多月，高考前一个月，高良玉带着考上一类大学管理专业的梦想又回到了学校。

他如愿以偿，考上了南京农业大学农业经济系经济管理专业。少年高良玉背起行囊，满怀憧憬地闯入大都市，开始了大学生活。

大学毕业后，成绩优秀的高良玉选择留校，在学校审计处工作。大学四年期间，他对金融专业的兴趣日益浓厚，不甘平庸的性格驱动他作出一个在当时看来颇为大胆的决定——报考中国人民银行研究生部！无论是在当时还是之后，这所俗称"五道口"的研究生部，一直是国内金融专业最热门的顶级学府，考试竞争也最为激烈。1988年，性格倔强、刻苦勤奋的高良玉考入"五道口"。

考完研究生，高良玉又大病一场。考大学、考研究生，加上多年寒窗苦读，高良玉透支了身体健康，以致他后来还因肺部疾病动过一次大手术。

早年的艰苦岁月，在高良玉身上打下了深深的烙印。他一直保持着俭朴的生活方式。在南方基金员工眼中，他是一位不讲究衣服品牌，经常拿两块沙琪玛当早餐的总经理。桌上两包苏打饼干、两盒速溶咖啡，桌下一双黑色布鞋，这在很长一段时间里，是高良玉办公室的标配。有南方基金员工告诉记者，有一次加班时，高良玉请他吃饼干，还兴致勃勃地推荐：挺好吃！

在南方基金老员工的心中，还保留着早期激情创业的一幕幕场景：高良玉和南方基金分管市场的副总经理在上海一写字楼中，为见客户苦等两个小时，汗流浃背，无人理睬；还有一次，高良玉和渠道部总监去工行总行，因没时间吃午饭，渠道部总监在工行的走廊上拿了个馒头刚开始啃，就看到高良玉也拿了个馒头在啃，两个人互看了一眼对方，哈哈大笑。谈到这些，高良玉愉快地笑了。

艰苦奋斗的精神早已溶入高良玉的血液，构成他不屈不挠的坚毅个性，就像童年留给他的记忆，没带伞的孩子只能一路奔跑。

正如泰戈尔诗所写：谁像命运一样地驱策我向前进？那是我自己在背后推着我大踏步向前走。

勇作拓荒者
从机关走进基金业

命运在云端，听到了青年的呼唤，抛出了它的橄榄枝。

1990 年，研究生毕业后，高良玉进入中国人民银行金融管理司股票处工作，当时的股份制与股票市场对于绝大多数人来讲还是异常陌生的领域。1992 年，国务院决定成立证券委和证监会，高良玉所在的股票处并入其中，从此，高良玉走进了中国证监会。

1997 年初，任职中国证监会发行部副处长已达五年之久的高良玉萌生离开监管机关的念头，他希望将自己对资本市场，尤其是上市公司的理解和认识，在实际工作中发挥、运用出来。他参加了 1997 年在广东东莞长安镇莲花山宾馆举办的第一批基金从业人员的培训，后来被称做"莲花山会议"，与会的 100 多人中有相当一部分成为了基金业的中坚力量。当时，中国基金业正在酝酿筹备之中。

1998 年 2 月，春节刚过，他飞赴深圳，加入南方基金筹备组。"这是我生平唯一一次跳槽。"高良玉笑着说。

1998 年 3 月 6 日，南方基金拿到证监会的批文，正式成立，与国泰基金一起成为首批获准设立的两家基金公司。高良玉出任南方基金副总经理。

1998 年 9 月，南方基金首任总经理熊双文转任董事长，由大股东南方证券提名董事会通过并经中国证监会批准，高良玉接任南方基金总经理，时年 32 岁，是当年最年轻的基金公司总经理。

人们不免为年轻的高良玉担心，但彼时的高良玉却想得很明白，他深知，中国的基金业才刚刚起步，对于所有的参与者来说，大家的起点是一样的，能否跑得更快，关键在于学习能力和商业悟性，而非既有经验。这位年轻的安徽青年无数次在心中勾勒蓝图，他的摹本就是美国共同基金的发展经验和道路，但"西学中用"必须建立在广泛调研与深刻理解中国投资者需求的基础上，同时审时度势地把握住市场机会。

君子藏器于身，待时而动。

创造优异业绩
站到行业舞台中央

经过三个月的过渡期，1999 年元旦后，高良玉正式接管公司的经营管理工作。

1998 年，国内总共才六家基金公司，六只封闭式基金。基金产品新鲜出炉，中国证券市场逢新必炒，基金发行火暴到不得不实行按比例认购。各家基金公司的第一只基金产品通行的规模是 20 亿元，管理费 2.5%（1999 年降到 1.5%）。5 000 万元注册资本的南方基金，1998 年盈利超过了 1 000 万元。

但是作为一个业绩说话的行业，高良玉面临的是一个非常不利的局面。当时的南方基金业绩垫底，员工士气低落。

高良玉坦承，基金管理实质上是投资服务，发展的基础源于投资者的认可，发展的前提是获取持续超越市场的投资业绩，帮助持有人实现财富的有效增值。因而，投资能力和风控能力是基金管理的核心能力，投资业绩是投资能力的外在表现。

高良玉的压力恰恰来自基金行业最核心的竞争力——投资业绩。1998 年底，基金开元业绩排名第六，南方基金业绩在六家基金公司中垫底。

高良玉面临的首要工作是如何快速提升公司业绩，在市场竞争中占有领先的优势地位。在当时的市场环境下，流行坐庄，投机横行，基金投资泥沙俱下，高良玉认为在中国从事资本市场投资首先要深刻理解市场的特质，拥有正确的理念和采用有效的投资方法。高良玉还记得当时索罗斯基金造访南方基金时问过一句所有投资者都无法回避的基本问题："根据什么买进或卖出股票？"高良玉当时的回答是"价值"。客人显然不是很满意。

"今天想起来，那个阶段自己对投资的认识还是相当幼稚的。"高良玉深思道："价值"是什么？有"价值"是否就值得投资？这是我们基金管理人必须首先要搞清楚的问题。

随着时间的推移，高良玉眼中的价值有了更深刻的内涵：公募基金管理的核心可以理解为在遵循基金产品的前提下，把最有价值的部分行业及行业内最有价值的部分股票，按照相对价值的原则进行组合，并按照相对价值变动进行动态平衡和调整，而投资管理是投资组合的动态管理。

高良玉对于价值投资的理解不是简单、机械和僵化的，他认为，衡量价值必须考量三个维度：一是绝对价值，这是大部分价值投资者的标尺，它考核的是投资的安全边际；二是相对价值，隐含的概念是机会成本；三是可变价值，即所有的价值概念都只能在一定的时间范畴进行界定，今天的金花可能是明日黄花，投资不能刻舟求剑、缘木求鱼。这些思想，即使放到今天的市场，依然具有领先性。

高良玉思考的第二个问题就是如何把研究能力转化为投资能力，高良玉始终坚信研究是投资环节的核心，没有独立于投资的研究，所有研究成果必须客观化评价。他相信通过专业的研究是可以创造出价值的，为此，南方基金建立了一套量化考核研究的方法。

1999 年初，股票市场仍较低迷，高良玉加强了"自下而上"的研究，结合当时的市场特征，将公司的投资风格转移到精选个股为主的策略上，大胆重仓持有业绩较好、风险程度相对较低的公司。他为此深入一线调研企业，调研了燕京啤酒、中兴通讯、沱牌曲酒、申能股份等一大批上市公司。现任银华基金总经理的王立新早期是南方基金酒类行业的研究员，"燕京啤酒是我们当时重点关注的投资目标，高总跟我一起到公司去了几次。"他告诉记者。

1999 年 5 月，"5·19"行情爆发，在政策的推动下，股市绝处逢生，并逐步演变成两年多的牛市行情，上证综指从 1999 年 5 月 18 日的最低点 1 059 点，到 2001 年 6 月 14 日创出 2 245 点新高，指数涨幅超过一倍。基金抓住机会，第一次赚了大钱，给投资人取得了良好的回报。基金一战成名，影响力开始体现。南方基金也取得了良好的业绩，走出了业绩倒数第一的阴影。

高良玉带领南方基金在牛市中攻城略地，重仓股涨势惊人。"我们坚持投资绩优股与成长股，不空谈概念。在市场大炒网络概念股时，我们坚决回避空有网络概念的股票，因为难以理解点击率等于业绩，只少量选择一部分既有网络概念又有真实业绩的公司，如青鸟天桥，成诚文化等。我们的选股标准之一是每股盈利四毛钱以上的公司，业绩不好的不选。"高良玉回忆道。

南方基金精选集中的投资策略在这轮行情中被证明非常有效。1999年，南方旗下的两只封闭式基金都取得了优异的业绩，基金开元以53%的收益率在全部基金中业绩排名第一，基金天元以51%的收益率排名第三，在所有公司第二只发行的封闭式基金中排名第一。基金经理王宏远因业绩优异，后来晋升为投资总监。在"老十家"中，南方基金开始奠定领先的市场地位。

从那时起，高良玉就显示了他的务实作风。在公司内部，高良玉禁止形式主义，讨厌虚浮不实，提倡实事求是。他要求员工汇报工作时少用"进一步"、"加强"、"推动"等含糊字眼，提倡"一、二、三"若干条把要做的事说清楚就行了，计划要做的事情，一定要有具体的措施和目标。

仅仅用了一年时间，这位最年轻的基金公司总经理就强势证明了自己的能力，站到了中国基金业舞台的中央。

这只是开始。

深挖投资者需求
开辟固收产品新天地

取得良好业绩的基金业很快遭遇质疑。2000年10月，《财经》杂志推出《基金黑幕》一文，披露基金利用"对倒"制造虚假成交量，利用"倒仓"操纵市场。

一时，言基金必称黑幕，在成长期遭受重大打击的基金业元气大伤。

这是"老十家"基金公司总经理都记忆深刻的痛苦时光。2001年，开放式基金诞生，利用基金资产流动性制约机制，强化了投资者对基金管理人的约束，大大增强了投资人的信心，也挽救了年轻的中国基金业。

那时，各家基金公司的产品，无论封闭式还是开放式基金，都是股票型基金。这也是一个很自然的结果。基金业开创之初，投资管理人员大多来自券商自营部门，做股票是轻车熟路。南方基金也不例外。2001年9月，南方基金发行旗下第一只开放式基金——南方稳健成长股票基金，这也是国内第二只开放式基金，公司理想的募集规模为50亿元，实际募集34.8亿元，显示出投资者对基金认购的热情开始下降。

当时，A股市场的脸已悄悄改变，在2001年8月见顶之后，A股持续下跌，南方稳健很长时间都在面值1元之下。南方基金投研团队在多次讨论后，认为市场下跌态势可能将维持较长的一段时间。怎样才能回避市场风险，保护投资人利益？这是高良玉面临的又一个难题。

"大家都说是跑马圈地，但是，应该跑什么样的马，圈什么样的地？"高良玉在思考。

产品策略取决于投资者的需求。高良玉走到开放式基金销售一线，直接了解客户的投资需要。在调研中发现，封闭式基金在场内申购，投资者基本是股民；而开放式基金主要是通过银行代销，投资者绝大多数是银行的储蓄客户，风险承受能力较弱，他们希望自己买的基金收益率既要比国债、银行存款高，但又希望不亏损。

那么，应该设计什么样的产品，以满足投资者的需求？高良玉将目光投向了海外市场，他率领团队认真学习、拜访国外的基金公司，"我们发现美国基金公司的资产更大比例来源于养老金等低风险资金，与之相应的，美国70%～80%的共同基金产品都是固定收益产品。"高良玉表示，大量的投资者还是喜欢低风险产品，与养老金性质匹配的也是低风险的投资，只有控制了风险，将风险锁定在一个合适的程度才能实现资金的稳定增值，才能吸引大量的资金。

那时，与股票基金的高收益相比，风险与收益的关系更为投资者所重视。

特别是在 2001 年网络泡沫破灭后，全球资本市场都陷入低迷之中，投资者的避险需求大增，低风险产品大受欢迎。

在一系列的调查、研究后，南方基金的方向越来越清晰：多元化布局产品线，大力发展固定收益产品。

2002 年 9 月，南方基金发行国内首只债券基金——南方宝元债券基金，这是南方基金的第二只开放式基金；2003 年 6 月，南方基金发行国内首只保本基金——南方避险增值基金，这是南方基金的第三只开放式基金；2004 年 3 月，南方基金发行国内第二只货币基金——南方现金增利，这是南方基金的第四只开放式基金。

三年中，南方基金连发三只固定收益产品。

这是一个需要魄力的决定。当时，开放式基金发行实行审批制，基本上每家公司每年只能拿到一只产品的批文。将产品资源全部押在固定收益产品上，国内基金公司中，只有南方基金一家。同期，其他各家公司最多也只发行了一只固定收益产品。

更具挑战性的是，基金的大买家保险公司、财务公司等，自身都拥有直接参与债券市场的资质，根本不需要购买债券基金。在早期，基金发行对机构有很大依赖性，没有机构支持，对发行规模是极大的挑战。

然而，高良玉还是决定试一试，希望能走出一条自己的路。

最后的结果是，南方基金大获成功，南方宝元依靠散户的力量，创造了发行规模 49.03 亿元的纪录。

那几年，股市正处在漫漫熊市之中，由于业绩不好，基金饱受质疑，基金发行非常困难，而南方基金的低风险产品却受到了渠道的认可、投资者的欢迎。

在南方宝元之后，南方避险增值基金募集资金规模 51.93 亿元，南方现金增利募集资金规模 80.49 亿元，南方基金三次刷新国内开放式基金募集纪录。2004 年 12 月，南方现金增利规模高达 205.4 亿元，成为第一只突破 200 亿元的基金。

2003 年 161 亿元；2004 年 361 亿元；2005 年 537 亿元。南方基金资产管理规模连续三年蝉联第一，并成为首家突破 200 亿元、400 亿元大关的基金公司。

时至今日，低风险产品大行其道，规模日益扩大，已近半壁江山。让人不能不佩服高良玉当年超前的眼光。

创新第一人
决策善断　冲锋在前

作为中国基金业重要的拓荒者。那些年，南方基金的名字与"首创"、"第一"紧紧相连。

高良玉有句口头禅："早起的鸟儿有虫吃。"这句话可以窥见高良玉其实是一个忧患意识很强的企业人，他一直在奔跑，也驱赶着他的企业在奔跑。在南方基金突飞猛进的创新阵营中，高良玉既是决策者，也是冲锋者。从 2001 年下半年开始，高良玉便将自己的工作重心转移到固定收益产品的开发与发行工作中。

南方基金差不多是白手起家。当时，固定收益产品在国内基金行业还是一片空白：没有团队，没有产品。

没有团队，建！2003 年 6 月，南方基金在国内基金公司率先成立固定收益部，由时任南方基金总经理助理刘情剑出任部门总监，手下 4 名投研人员，刘情剑对债券投资的理解极深，被公认为证券业内固定收益方面的投资高手。高良玉对固定收益产品团队的建设一直极为重视，在人员配备上给予倾斜，时至今日，南方基金固定收益部员工接近 30 名，为基金业最强团队之一。

没有产品，自己设计！

当时，从监管层、代销机构到投资者对固定收益产品知之甚少，要尽快推出固定收益产品，既要以缜密、专业的产品设计打消监管层的种种疑虑，通过严格的创新产品评审，拿到准生证；又要拿出过硬的产品卖点争取代销机构的认同；还要能够以尽可能通俗的产品介绍打动投资者，让他们愿意掏钱认购。

这三个环节，哪个都不容易，但南方基金都做得不错。高良玉说，"那几年我们在产品创新上想了很多办法。"

高良玉选择南方宝元债券基金打头阵。南方基金借鉴了海外债券基金的设计思路，但并没有墨守成规。根据基金合同，该基金投资债券资产的比例为45%～95%，投资股票的比例不超过35%。时至今日，按照监管部门的基金分类，南方宝元债券已被归于混合型基金。但正是这种现在看起来多少有些怪异的设计，得到了各方的认同，让它以国内首只债券基金的身份获得了准生证，并以49.03亿元的规模刷新了国内开放式基金的募集规模纪录。

首战告捷，南方基金乘胜追击。

2003年6月，南方基金推出了国内第一只保本基金——南方避险增值基金。

南方避险的问世颇费周折。

保本基金的创新是从海外市场得到启发。由于全球市场低迷，当时美国及中国香港各大资产管理公司纷纷发行保本基金。"我们为什么不能发保本基金呢？"高良玉问。

当时保本基金的概念对于中国证券市场来说还相当陌生。由于保本策略在理论上做不到绝对的保本，对这只产品各方争议很大，有人甚至认为有"忽悠"之嫌。但南方基金通过投资者问卷调查了解到投资者对保本基金存在大量的需求，特别适合惧怕投资损失的初级投资者。由于国外市场有贴水债券及指数选择权等投资工具，其保本基金有绝对保障的机理，而我们只有主动的管理能力和三年周期的风险平滑。因此，增加外部机构的保障能力是这只产品的重要条件。

保本基金必须找到担保方。在国外，同类产品基本上是由银行等金融机构提供担保。但国内政策规定，银行等各类金融机构不得为证券类资产提供担保，所有银行全都拒绝提供担保。最后，高良玉找到了中投信用担保有限公司董事长孙家琪，孙曾任北京证监会（北京证管办的前身）主席，熟悉证券投资的保本策略。最后，成立不到两年的中投信用担保有限公司为该产品提供不可撤销的连带担保。南方基金也打通了保本基金最后的难关，此后，国内的保本基金大多沿用担保公司提供担保的模式。

当时，有关方面认为，金融机构担保能力较强，只有金融机构担保才能叫保本，非金融机构担保不能叫保本。第一只保本基金只好取名叫避险基金。

南方避险增值基金承诺 3 年避险周期到期后本金 100% 不受损失，打消了投资者购买基金怕亏本的顾虑，受到投资者的追捧，首次募集规模达 51.93 亿元，南方基金也因此成为第一家管理资产规模超过 200 亿元的公司。10 年以来，南方避险不仅严格做到了保本，其收益率还能排在同期股票基金前三位。由于资本市场 10 多年指数表现不佳，低风险产品不仅取得了合理的收益，帮助投资者回避了风险，也使南方基金成为投资损失率最小的基金公司。

时至今日，保本基金已成为固定收益产品的重要组成部分。根据 Wind 数据，截至 2013 年第一季度末，全市场一共有 38 只保本产品，共计 625 亿元规模，南方基金一直在这一领域处于绝对领先地位，旗下四只保本基金占据了全部保本基金 33% 的份额。

南方基金产品创新的优势还延伸到其他领域。2004 年 10 月，南方发行国内首只上市开放式基金（LOF）——南方积极配置基金；2005 年 12 月，南方基金公布国内首个 ETF 产品定制指数方案；2006 年 7 月，发行成立国内首只复制基金。

其间，南方基金在基金代销领域同样保持着优势。中国基金销售能力最强的商业银行——中国工商银行，一直是南方基金最重要的合作伙伴。与工行合作的其他基金公司在产品发行档期安排上，都尽量与南方基金错开，以避其锋芒。南方基金内部人士认为，这其中，高良玉作为南方基金的"首席营销员"多年冲在一线，功莫大焉。

首只债券基金其实不是纯债基金；首只保本基金不得不叫"避险基金"。南方基金就这样从无到有，为中国基金行业趟出了固定收益产品这条新路。而且，只只刷新募集资金纪录，一只更比一只卖得好。

基金业开始言必称南方基金。南方基金也成为基金业的人才高地，仅基金公司总经理出自南方基金的就有马志刚、王立新、许小松、邓召明、陈礼华、陆金海六人之多，这一纪录保持至今。

作为南方基金的灵魂人物，高良玉良好的人脉关系、整合资源的能力以及协调各方达成共识的务实智慧，也因此被行业所称颂。

高良玉俨然成为基金业第一人。

狙击恶意收购
华泰证券慧眼识珠

这期间，鲜为外界所知道的是，在另外一场危险的战斗中，高良玉也大获全胜。

这场战斗的胜利，对于南方基金的发展来说，至关重要。

2002 年 7 月，中国证监会出台"一参一控"的规定，即一家机构或者受同一实际控制人控制的多家机构参股基金管理公司的数量不得超过两家，其中控股基金管理公司的数量不得超过一家。根据这一规定，当时南方基金的八家股东（南方证券 30%，海通证券、兴业证券、长城证券、华泰证券、华西证券、陕国投和厦国投各持 10% 的股份）中，除华泰、兴业、厦国投外，其余各家都有意愿转让所持南方基金股份。

一家北京机构闻风而动，要趁机收购南方基金股权并控股。收购目的，是想让南方基金成为它的资本运作平台。

"它与我们毫无交集、毫无理念认同，"高良玉说，"他们说无论我们是否愿意，都要拿下来。"恶意收购就这样突袭南方基金。

这家机构开出了每股 5.05 元的筹码。在当时，这是让股东心动的价格。

"这个时候我们才突然发现股权是如此的重要，公司管理层其实如此虚弱渺小。"但高良玉依然不肯认输，希望南方基金的股权能够留在最有利于公司发展的股东手中。

他奔走于各家股东之间，耐心地做各家股东的工作，希望股东们能够从有利于南方基金更好发展的角度考虑股权转让。"我们表示，希望公司稳定，希望能找一个合适的下家，价格当然重要，但不是唯一的因素。而且，股权的价值说到底也是南方基金管理层与员工共同创造出来的。"高良玉说，"有一次在南方证券办公室跟他们聊到了凌晨三点。"

他还必须为南方基金找到新的控股股东。当时的公司股东中，由于种种原因，几乎都给出了否定的回答，"只有华泰证券愿意接手成为大股东。"

剩下的事情便是协调股权转让价格。

2003 年 3 月 3 日，中国证监会批准长城证券、海通证券所持南方基金股权全部转让给华泰证券；10 月 9 日，南方证券、陕国投和华西证券将所持南方基金股权进行转让，受让方为华泰证券、厦门国投和深圳机场。

终于，备受市场关注的南方基金股权转让尘埃落定。华泰证券以45% 的股权成为公司第一大股东，华泰证券总裁吴万善出任南方基金董事长。在股东们的支持下，南方基金击退了恶意收购。

时至今日，高良玉对华泰证券在这场恶意收购阻击战中挺身而出，仍是心怀感谢，"它挽救了南方基金"。

这也是一个双赢的结果。2013年4月，吴万善面对媒体称，投资南方基金是华泰证券最成功的一笔投资，若加上股权溢价，投资回报测算达150倍左右。这也是一笔很有眼光的投资。在2003年接手南方基金控股权时，华泰证券付出的价格是每股5.05元，几乎是同期基金公司股权转让的最高价。而当时，南方基金还未称雄业内。"我们看好南方基金的管理团队。"吴万善说。

事隔多年之后，高良玉言及此事，仍是深有感慨，"我们做基金管理，评判你好坏的本来应该是持有人，但在关键时刻，决定你的命运却是股东。"高良玉认为，"股权问题是基金业核心的问题之一。如果有股权，那些优秀的人才还会走吗？"

"资产管理行业最合适的公司制度一定是合伙制，"高良玉表示，只有合伙制才能充分发挥个人的主观能动性，才能保持公司的长期性和对风险的控制，才能真正保护客户的利益，才有生命力，"规模大小不是问题，最关键的是，你的客户了解你认可你，有长期投资的考虑，你也不会为了短期利益，轻易伤害客户。"

南方基金这一股权格局也一直维持到现在。在股权变换频繁的中国基金业，由高管团队选择控股股东并得到信任、获得宽松环境已达十年之久的，仅有南方基金一家。

在稳定的发展环境中，中国证券市场迎来了前所未有的大牛市，南方基金也迎来了前所未有的大发展。

大牛市以变应变
从 500 亿元到 2 000 亿元

2005年6月6日，上证综指无情地击穿千点大关，经历4年熊市煎熬、深度套牢的投资者极度彷徨，中国股市路在何方？盛极而衰，否极泰来，股权分置改革的启动，划出了中国股市新一轮牛熊转折的分水岭。

2005 年 5 月，南方基金在黄山举办投资研讨会。当时，南方基金与记者们座谈，高良玉向记者预判：基金业真正的发展，应该在 2006 年。

他之所以得出这个结论，主要基于两个理由：第一，在基金刚刚推出的前几年，大量银行储户根本不知道基金为何物，经过七八年的投资者教育和市场培育，投资者开始关注基金，并把基金与储蓄、国债等纳入其财产配置，投资人群体开始逐渐增加；第二，股市低迷多年，股权分置改革将促进股票市场的健康发展。

2006 年元旦，在南方基金的迎新晚会上，高良玉用更形象的话语总结了他的观点：2006 年是公募基金元年。

这一观点广为流传，并被市场证明。从 2006 年下半年开始，中国股市迎来了前所未有的大牛市。波澜壮阔的牛市把整个公募基金行业推上了超速发展的快车道，基金凭借优异的业绩广受追捧，实现规模"大跃进"。2005 年底，基金总规模仅 4 691 亿元；2007 年底膨胀至 3.28 万亿元。发展速度之快，超出了几乎所有人的意料。

但是在牛市的起跑线上，南方基金却处在了不利的位置上。到 2005 年末，南方基金旗下固定收益产品规模占比高达 79%，开放式股票基金只有南方稳健、南方积配、南方高增三只。在牛市的逼空行情中，南方基金旗下的固定收益产品尤其是货币基金出现了明显的赎回潮。2006 年第二季度末，南方现金增利 A 从 2005 年底的 385 亿元规模下降为 199 亿元，到年底，再降至 101 亿元。

面对新的形势，高良玉沉着应对，以变应变，将产品重点由固定收益产品转向股票基金。2006 年 7 月，首创复制基金概念，发行南方稳健成长 2 号，募集规模 52.57 亿元；2006 年 11 月，发行南方绩优成长基金，募集规模 124.77 亿元。2006 年底，南方基金以 763 亿元的管理规模，排名第三，与第一名嘉实基金相差 68 亿元，与第二名华夏基金仅相差 19 亿元。

就在形势一片大好之际，高良玉却敏锐地觉察到了市场风险，在

2007 年 4 月之后，南方基金在完成了对南方稳健成长 2 号拆分的持续营销后即暂停对旗下股票型基金的持续营销。在接受媒体采访时，高良玉明确表示："南方将对流动性风险保持足够的警觉，没有良好的流动性作保证，业绩就是虚的。"然而，大众的喧嚣继续助推着牛市的狂欢，"5·30"印花税上调，反而带来了"空中加油"行情，上证综指以更加充沛的体力直奔 10 月 16 日的 6 124 点。尽管上证综指在 6 000 点上方仅停留了两日便开始掉头向下，但是 2007 年的上证综指全年涨幅仍高达 96.66%，深证成指涨幅 166.29%。

南方基金的规模发展也因此错过了牛市最疯狂的一波，2007 年底，南方基金的资产管理规模尽管高达 1 929 亿元，但是规模排名却在 57 家公司中降至第四。

从 2005 年底的 536 亿元到 2007 年的 1 929 亿元，在基金业这一轮疯狂的扩张中，南方基金在产品结构不利的情况下，资产管理规模增长近四倍，尽管排名下滑，但仍然站在行业的第一方阵。

多事之秋
经历成长"阵痛"

2008 年，前所未有的大熊市降临。上证指数从 2007 年最高 6 124 点，最低跌至 1 664 点，下挫幅度超过七成，A 股熊冠全球。基金业也遭受重创。2008 年底，全行业资产管理规模由上一年的 3.2 万亿元，下降至 1.9 万亿元，锐减四成。

基金持有人损失惨重。在牛市期间，南方基金重点配置了券商股与农业股，这类资产的弹性较大，在 2008 年的暴跌中，这些股票成了领跌品种，南方基金的业绩大幅下滑。

"我的压力从 2008 年开始。"不仅是业绩有所下滑，高良玉坦言，"还有多重的因素，多重的打击。"在 2008 年、2009 年，南方基金风波不断，负面新闻频出。

2008 年 3 月 5 日，南方基金公告，公司旗下南方宝元债券型基金经理王黎敏涉嫌老鼠仓被正式辞退。这一事件对南方基金的品牌产生严重的负面影响，并殃及各项业务，南方基金一直投入巨大，基金公司刚刚获准开拓的企业年金业务受伤最重。"当时，企业年金刚刚开始发展，到哪家企业，都要问这件事。为此我们丢了很多单。"高良玉说。

2008 年 1 月，南方基金公告，分管年金业务的副总经理邓召明辞职；2008 年 5 月，南方基金公告，分管市场的副总经理许小松辞职；2009 年 4 月，南方基金公告，分管投资的副总经理王宏远辞职。其间，南方基金研究、市场、产品、客服等多位部门总监相继离职。南方基金人才流失也引起了外界的关注。

更大的考验还在后面。

2009 年 4 月 10 日，北京问天律师事务所律师张远忠向南方稳健成长 2 号基金的管理人、托管人同时发出公开法律意见书，为投资者追讨该基金截至 2007 年末合计 97.35 亿元的可供分配收益。尽管相同分红性质的基金多达 15 只，但不幸的是南方基金被律师选为首要"攻击"对象。这一事件被称为南方基金分红门事件。

当时，开放式基金关于分红的条款规定普遍不够明确，通常只规定了每年最多可分红次数、年度分红占已实现收益的比例，至于最少的分红次数以及何时实施年度分红均未作明确规定。与南方稳健成长 2 号基金情况相似，在 2007 年底有可分配收益但未分红，而到 2008 年因为市场惨烈下跌而无法分红的基金，全市场有 15 只，涉及 10 多家基金公司。

6 月 3 日，张远忠接受一位北京的持有人袁近秋的委托，向中国国际经济贸易仲裁委员会提请仲裁，请求裁决南方基金公司赔偿其红利损失和利息共计 6 万元。

这不是一个简单的 6 万元的案例。如果南方基金在此案中被裁定应予客户赔偿，那么它同样可以被裁定向其他类似南方稳健成长 2 号的持有人赔偿，赔偿金额最高可达 97.35 亿元。这对注册资金仅 1 亿元的南方基金是灭顶之灾。可以合理推测的是，如果南方基金倒下，其他 10 多家基金公司也将无一幸免。

监管部门进驻公司调查，媒体也炒得沸沸扬扬，一浪高过一浪。

2009 年末，南方基金资产规模排名跌至行业第五。而据银河证券的统计分析，南方基金整体股票投资管理能力也在 59 家公司中排名至 49 位。

屋漏偏逢连夜雨，其间还不断有媒体发出疑问：南方基金是否会一蹶不振？高良玉是否"廉颇老矣"？

含泪播种含笑收获
南方基金"改动作"

巨大的压力是一块试金石。今天很残酷，明天也许更残酷，后天就可能变得美好，但绝大多数人却死在了明天晚上，见不着后天的太阳。高良玉选择了"扛"，他骨子里的倔强不允许他在困境面前低头。

这从南方基金流传的一则故事就可以看出。2008 年，高良玉拜访一家大型央企，争取企业年金业务。对方问及王黎敏涉嫌老鼠仓的事件。高良玉一再耐心解释，对基金经理这种在公司之外的个人行为，公司很难监控。对方却不顾基本的商业礼仪，反复指责南方基金管理存在严重问题。最后，高良玉淡然反问："贵公司老总不也刚被抓起来，这是否说明贵公司就一塌糊涂呢？"事后，高良玉解释说，"我是有点过于刚硬，宁可站着死不愿跪着生。"

时至今日，高良玉认为，自 2008 年以来南方基金经历的是一种成长的阵痛，从小公司发展到大公司的一种阵痛，"就像人在青春期，毛病相当多。"他说。

痛定思痛，高良玉认识到，随着公司规模的快速增长，作为总经理，他不能再冲在业务一线，必须退回二线强化管理。从 2008 年开始，南方基金的员工发现他们的总经理开始变了，不再事必躬亲。"很多原来直接向他汇报的工作，他都要求向分管副总汇报。"这段时间，高良玉对管理特别着迷，他自己阅读了大量管理类的书，还经常组织中层以上的干部进行管理培训，从外部请专家授课。让南方基金中层团队记忆犹新的是，有次在内部培训上，老师讲了一个段子："六流的管理者是自己不知道做也不要求下属做；五流的管理者是自己拼命做，下属无事做；四流的管理者自己拼命做，下属也玩命做；三流的管理者是自己不用做，下属还拼命做；二流的管理者是只要活着；一流的管理者是不用活着。"讲完这个段子，教室里立马炸开了锅，大家展开了热烈地讨论，纷纷在讨论自己究竟是哪类的管理者，高良玉当时也乐了，他自嘲地说，看来我最多还是个四流的管理者。以后的很多会上，他会时不时地引用这个故事强调管理的重要性。

矫枉难免过正，高良玉过快地大撒把，让他的团队一时间没能适应过来，就好比是个一直被照顾得无微不至的孩子，突然被父母直接给扔到寄宿学校，不管了，可孩子的生活自理能力还没培养起来呢。南方基金当时就面临这种状况，转换太快，没有做好衔接，所以出了一些问题。

高良玉在 2009 年初也认识到了这个问题，他开始调整策略，他准备用两年到三年的时间为南方基金打造一支有战斗力的优秀团队；将南方基金调整成适应于大公司运作的管理模式。他为自己定下了时间表。

"基金公司跟所有企业都一样，重要的是解决人、制度、流程、目标、考核等问题，我们学习了国外成熟基金公司的管理方法，按照基金公司的本质需求，脚踏实地去做。"高良玉说。

南方基金进入"改动作"的阶段，强调流程管理、强调人才培养、强调公司文化建设。

流程管理的重点是教会员工自己管理自己。高良玉找来国际著名的管理咨询公司——华信惠悦中国区证券及基金行业咨询业务负责人张德伦担任公司人才资源总监。在高良玉的全力支持下，张德伦对公司各个岗位的 KPI（关键绩效指标）进行调整，进一步细化和量化。调整后，南方基金员工不仅知道了自己的考核指标是什么，而且还知道该如何去做正确的事，以及如何正确地做事。

基金公司的竞争说到底是人才的竞争。人才流失是普遍问题，让人烦恼的往往是优秀人才的流失。高良玉认识到，"只有公司具备培养、创造人才的能力，才不会担心人才流动。"他坦言，从海外引进人才，往往需要一个适应和文化融合的过程；从小公司引进，往往不一定能够完全胜任工作，"国内基金业发展时间短，优秀人才本来就少，单靠引进解决不了问题。"

南方基金选择自己培养人才。"公司要有一套机制和土壤，不断制造优秀的基金经理，把新手培养成高手，这才是基金公司最核心的竞争力。"南方基金为公司员工安排了职业上升台阶。无论是权益类投资部还是固定收益部，都搭建了让研究员上升为基金经理的通道。

南方基金有两位出色的女债券基金经理——南方多利基金经理李璇和南方现金增利、南方 50 债基金经理刘朝阳，就是从学校毕业后直接进入南方基金，在四五年的时间里，从研究员、基金经理助理再到基金经理，一步步成长。2012 年，南方多利 A/C 净值增长率 11.4%、11.07%，在同类型产品中全部排在前 1/10；南方现金 A/B 类涨幅分别为 4.3095%、4.5588%，在同类型产品中排名第 3 位。

培养出优秀人才后，还必须有良好的公司文化留住他们。2009 年，高良玉在公司发动全员参与讨论，南方基金应该追求什么样的公司文化。最后，大家形成共识："梦想的舞台、快乐的家园"成了公司文化的定义。仅仅有企业文化的口号还不够，如何才能激发员工的活力？增强公司的归属感和吸引力？高良玉做起了他并不太擅长的事，他开始积极地参加公司很多的活动，比如在公司年会上带领着投研团队扮演"超人"，员工至今都还记得他穿着一身红蓝造型的超人服站在舞台中央的情形，用现在流行的话来说，那就是"小伙伴们都惊呆了"，他们第一次看到严肃的领导居然有如此娱乐精神；还有一次，高良玉在公司足球比赛上代表"犇牛"队踢前锋，他带着球满场飞奔，无奈几次射门都被敬业的守门员给扑救了出来，最终球队输了球，高良玉为此还发微博自嘲了一番……在他的带领下，南方基金的文化氛围变得特别好，员工士气高涨，幸福感大增。

新的公司文化让南方基金实现了惊人的低流动率。2011 年、2012 年连续两年南方基金的投研人员流动率低于 3%，这也几乎是行业最低的流动率。

就这样，南方基金上上下下越来越清楚地意识到，公司从低迷中走了出来。

拨云见日
强势崛起

外界看到了南方基金的强势崛起。

首先是投资业绩打了翻身仗。

2008 年开始的金融危机导致众多国外一流金融机构纷纷倒闭，大量受过良好教育、有着深厚从业经验的优秀人才有意回国工作。遭遇人才流失困扰的南方基金看准时机，在业内率先赴华尔街招贤纳才。仅在 2008~2009 年，就在海外招聘了 10 余位资深人士，包括曾经有过 10 年华尔街和对冲基金工作经验的现任南方基金投资总监邱国鹭，有数十年海外数量化投资经验的量化投资部经理刘治平。其中，高良玉曾两次到访华尔街，与邱国鹭数度详谈。

在重新搭建投资管理团队的同时，高良玉一直在反思南方基金的投资到底出了什么问题。"我们过去的理念受到了非常大的冲击。从持有到卖出，应该是一个完整的过程，也是一个公司相对投资价值变化的过程，价格越高价值越低，应该及时进行再平衡，减持价值下降的股票。"

高良玉表示，风控能力、再平衡能力与追求卓越的能力，是基金经理最基础也是最重要的能力。

高良玉认识到，随着机构投资者的日益壮大，市场的有效性正在增强，找到别人没有发现的被低估的股票，是一个小概率事件，而且公募基金的规模已大幅增加，按照过去那种精选个股重点投资的方法，很难成功。"集中投资会让组合大幅偏离基准，短时间内可能有亮点，但风险也很大。"高良玉表示，"南方基金在牛市时大量持有证券股，好的时候越看越好，跌了就傻了，根本不知道应该怎么办？感觉束手无策，投资失去了方向和目标。"

高良玉深感按照过去的投资方法、投资风格已不能适应大规模资金的投资要求，"过去重仓持有、主观判断、集中投资的风格，更适合于规模较小的资金运作，跟公募基金的真正需求有一定的偏离。"

高良玉开始着手投研体系的改革，强化行业选择与平衡，行业选择优于个股选择，在"好"的行业中更容易选择"好"的股票，把过去游击战式神出鬼没的主动型投资，变成阵地战集团军正面战的方式。他在整个公司推行大概率的投资方式，并提出：不要做足球守门员，要做网球手，足球守门员靠经验靠个人能力判断，扑中点球是小概率事件，而网球有一个相对较大的区域，守着这个区域，偶尔跑到两边接球，中间区域才是接到球的大概率区域，结果就是在相同风险情况下大概率地取胜。

南方基金强调科学化的管理、组合式的投资。如果投资流程、目标都很清晰，对产品业绩就会有一个基本的把握，尽管某个阶段业绩不是太好，但只要坚持了正确的投资理念和方法，长期业绩肯定比较优秀。这就是一个公募基金公司整体上的投资能力。

新体系、新团队在磨合后，令业内不得不刮目相看。2010 年成功投资机械行业、成功投资高铁行业，南方基金不断贡献可圈可点的投资案例，公司旗下开放式股票基金总体业绩也逐年上升。银河证券的统计表明，2010 年，南方基金股票投资管理能力排名第 37 位；2011 年升至第 29 位；2012 年，南方基金 80% 的股票型基金排名在前三分之一，7 只股票型基金获正收益并且平均收益 9.8%，年金组合平均收益率超过 6%，多只年金名列前茅。

困扰南方基金近两年的分红门事件也终于落下帷幕。

2010 年 3 月 26 日，中国国际经济贸易仲裁委员会作出裁定，驳回申请人袁近秋的赔偿请求。裁定书尽管认为南方稳健成长 2 号基金未实施分红属于违约，但是该违约行为与申请人所主张的财产损失之间并无法律上的因果关系。

2010 年 10 月 28 日，袁近秋向北京市第一中级人民法院申请撤销中国国际经济贸易仲裁委员会的仲裁。2010 年 12 月 7 日，北京市第一中级人民法院经审理后，驳回了袁近秋提出的撤销仲裁裁决的申请，并为终审裁定。

次日上午 10 点，高良玉在自己的微博上对此事作出评论：

"开博第一天，获悉法院驳回某律师撤销南稳 2 号分红仲裁决议的申诉，南方基金的意见得到支持，喧嚣一时的分红仲裁案终以司法公正和对基金契约的尊重画上句号。这标志着从法律层面明确了投资者风险自负的原则，也说明分红与基金投资收益间没有必然联系，投资者投资基金看重的是投资收益而不是分红。分红问题是基金行业历史遗留问题，非常复杂，有些分歧受到关注在所难免，对媒体的关心表示感谢！"

三周后，媒体公布了基金公司 2010 年资产规模排名情况。南方基金资产管理规模尽管仍处于第五，但与第四的博时基金的差距，已由上一年的近 300 亿元缩小到不足 3 亿元。

在 2011 年到来之际，南方基金上空的乌云逐步散去。

南方基金自 2008 年至 2010 年的经历，让人们看到，高良玉不仅冲锋陷阵开疆拓土时能够一马当先，其重振旗鼓、治司有方的能力在行业里也不遑多让。

高良玉力挽狂澜的"逆商"赢得了行业的钦佩与尊重。

立足国情
倡导绝对收益

2011 年 12 月 2 日，在深圳福田香格里拉酒店，第十届证券投资基金国际论坛召开。高良玉再次成为行业关注的焦点。

在不到三分钟的发言中，他提出了一个尖锐的观点："基金业不追求绝对收益的话将受极大限制。"

这是对基金业生存法则的颠覆。在基金业，普遍的看法是公募基金只能追求相对收益，其超越目标是业绩基准，其比较对象是同类基金。

但高良玉不是危言耸听。自 2008 年以来，A 股市场步入漫漫熊途，国内基金业资产管理规模逐年下降。截至 2011 年第三季度末，全行业资产管理规模已由 2007 年的 3.2 万亿元降至 2.1 万亿元，公募基金持股市值占沪深市场流通市值的比例也连续多年下降，从 2007 年的 26% 单边下跌至 2011 年的 7.8%。

行业的困境让高良玉反思，"国内公募基金从美国学来的相对收益的投资方式，到底是否符合中国国情？"作为基金行业最早一批创业者，他深感疑惑。他认为，与美国基金行业相比，中国基金行业存在两大显著差异：一是投资群体；二是证券市场。

长期深入基金营销一线的高良玉，对国内公募基金的投资群体了如指掌。储蓄资金是中国证券投资基金的主要来源，储蓄资金要求的是较低的风险和相对确定的回报，投资期限相对较短；而美国共同基金主要的资金来源是以长期性质的养老金为主，以战胜市场为目标，获取的是市场上涨的收益，其产品的特征是，投资周期长，有较大波动性。

高良玉对中国证券市场也持谨慎态度。他说："公募基金的设计是基于经济的总体发展推动资本市场长期呈现上涨的趋势，通过战胜市场就能取得良好的回报，但中国股市在近十几年来，一直没有与经济同步的表现，没有反映经济的成长，也没有表现出明显的长期上升趋势，基金的投资运作常常是愿望与结果相背离，我们希望为老百姓提供很好的回报，却偏偏很难做到。"于是，尽管中国基金业总体上战胜了市场，结果却是持有人很难赚到钱。对行业有诸多抱怨。

想清楚的事就去做，高良玉向来雷厉风行。

2011 年 5 月，发行国内第一只债券指数基金——南方中证 50 债券；2011 年 6 月，发行南方保本；2012 年 5 月，发行南方金利定期开放债券；2012 年 10 月，发行南方理财 60 天；2012 年 12 月，发行南方安心保本。

"一对多"推出对冲产品；南方小康 ETF 基金投下公募基金投资股指期货的第一单；企业年金、专户产品的投资直接和投资收益挂钩；固定收益类产品的投资实行一票否决制，只要亏损，KPI 计为 0；权益类产品投资增加价值增值指标，引导基金经理为客户创造正收益……

2012 年，南方基金全部 38 只公募基金产品中，有 30 只产品实现了正收益，占比 80%，远高于全市场 50% 左右的比例。

截至 2012 年末，公司固定收益类产品总规模达到 806.99 亿元，位居行业第一，较 2010 年初的 221.95 亿元增加了 263.59%，占比也由 18.15% 提升至 52.82%。

南方基金又一次走在行业前面。

如同 2006 年提出公募基金元年的观点得到广泛认同一样，高良玉提出的低风险产品发展方向也得到了业内的认同。2012 年成立的 255 只基金中，固定收益类产品 135 只，其规模达到 5 064 亿元，约占总募集规模 6 400 亿元的 80%，发行数量与募集资金规模双双创下新高。

高良玉再次显示了他的远见卓识和对行业的影响力。

辞任总经理
为了相聚的告别

2012 年，高良玉一直是行业关注的焦点人物。关于他即将辞职的传闻，一直不断。

传闻不是空穴来风。"2012 年初，我就向董事们提出辞去总经理的想法，"高良玉解释说，基金公司总经理的职务看上去很光鲜，但对于追求完美的自己而言也是个苦差事。"基金公司管理中风险点太多，压力非常大。基金被赎回紧张、净值波动紧张、头寸要协调也紧张、还有同业竞争。早些年年金、专户业绩不好，还得登门检讨。在外要面对客户的责难，在公司内部，管理着研究员和基金经理这样一批高素质的特殊人群，他们都自视较高，只能采用激励和鼓励的方式。"高良玉自嘲说，"我这么要强的性格，都轻易不敢发个脾气批评他们一下。"

辛苦读书，辛苦工作，奋斗二三十年的高良玉不想再继续这种高强度的生活，"有机会换一种工作方式，轻松一点，是挺好的一件事。"

2011 年 7 月，博时基金总经理肖风辞职。

2012 年 5 月，华夏基金总经理范勇宏辞职。

至此，在 1998 年基金业诞生之年就出任总经理一职的，只剩下高良玉一人。

在极力挽留无果后，董事们只得同意他辞去总经理一职，转任公司副董事长，并继续担任子公司南方东英（香港）公司的董事长，他们希望以这种方式将高良玉继续留在南方基金。

2013 年 1 月 5 日，南方基金发布公告，高良玉于 2012 年 12 月 31 日辞去总经理职务，转任公司副董事长。南方基金董事长吴万善自 2013 年 1 月 1 日起代理总经理一职。

高良玉的离开，也被媒体解读为基金业强人时代结束的标志性事件。

高良玉交出了一个出色的南方基金。

2012年末，南方基金资产管理规模1 550亿元，排名第四；旗下权益类基金平均净值增长率8.76%，固定收益类基金的整体净值增长率为12.1%，在千亿级的基金公司中均排名第一。

2013年1月，国际基金评级机构晨星发布第四季度《中国公募基金公司综合量化评估报告》，凭借各方面均衡出色的表现，南方基金综合得分81.82，再次获评为中国公募基金公司综合实力第一名。其具体项目得分如下：产品运营得分94.1，排名第一；业务发展潜力得分86.11，排名第一；基金经理留职率得分80.44，排名第六；资产管理能力得分78.45，排名第二。

南方基金能获得如此优异的成绩，高良玉可以说是居功至伟。正如唐太宗所说："玉虽有美质，在于石间，不值良工琢磨，与瓦砾不别。"过去的十五年，高良玉就如同一位琢玉良工，打造了一个强大的南方基金。当然，南方基金也成就了高良玉。从32岁到47岁，高良玉在南方基金度过了人生最重要的阶段 。"我们很幸运，遇到了一个好的时代，能够从事资产管理业务，按照自己的想法做公司，整体上为投资者创造了一些回报，感觉还是很欣慰的，也觉得老天待我们不薄了。"高良玉以这样的感慨结束了记者的采访。

对于以范勇宏、高良玉、肖风为代表的基金业创业元老的转身离去，业界有无尽的唏嘘与惋惜。

正如米兰·昆德拉所言：这是一个流行离开的世界，但是我们都不擅长告别。

或许，我们无须道别；或许，高良玉只是切换了生活的制式，"高氏经典"仍将在资本市场上续写，只不过，他的奋斗人生翻开了新的一页。

9 天后，即 2013 年 4 月 19 日，深圳基金同业公会在深圳市前海开发区成立，高良玉出任会长。

　　这也许是高良玉另一个故事的开始。

赵学军

儒雅风范，学者气度，赵学军博士推崇理论的价值和思想的力量。

知无涯，行无疆，赵学军率领嘉实基金前行的路上，气象万千，别有洞天。

赵学军：始于知　成于行

翻报纸，一个人会知道刚发生的事情；看杂志，想问题会深入一些；如果读一本枯燥的专业书籍，则能够从思想中获取力量。

嘉实基金总经理赵学军，更愿意读那些尽管枯燥但有原创思想的专业书籍。

赵学军更喜欢大家叫他赵博士而不是赵总，他偏好学术研究，对于自己的学术能力，也有相当的自信。"千万别把我写成一天到晚就知道埋头做嘉实"，赵学军笑着说，"如果没有学术信仰，没有深刻的思想，天天干这活，挺没劲的。"在赵学军看来，14 年嘉实基金的管理工作，他更多的是把自己对学术的思考运用到实践中。他相信理论的价值，他相信思想的力量。

2013 年 5 月的一个下午，在北京华润大厦 9 楼，嘉实基金会议室，赵学军背对窗户坐在会议桌前，从窗外照进的阳光，在他身后勾出一道金边，在逆光的剪影中侃侃而谈的他，显得深沉而有力量。

随着他的讲述，学者型的基金管理人赵学军，慢慢向我们走来。

从电子工程师到经济学博士
学以致用　知行合一

1983 年，赵学军考入天津大学电子工程物理专业。在那个"学好数理化，走遍天下都不怕"的时代，大学毕业后的赵学军顺理成章地被分配到电子工业部下属的国营七一二厂，成为一名电子工程师。然而，稳定的职业、优厚的待遇，并没有让赵学军"安于现状"，工作三年后他以读研的方式重回校园，并转学经济。

自 20 世纪 80 年代起，刚刚改革开放的中国，社会文化正在经历一场深刻的变革，思想极其活跃，特别是对西方现代经济学理论的探索研究，秉持着开放的态度。1985 年至 1995 年，由美国福特基金会资助的一个中美经济学教育交流项目——"福特班"在中国人民大学共举办了10 期、在复旦大学举办了 5 期，聘请美国知名大学的经济学教授任教，系统地讲授西方现代经济学理论。1991 年，赵学军考入复旦大学"福特班"，这段学习经历不仅奠定了他后来攻读北京大学经济学博士的基础，更让他认识到"学以致用"才能对经济社会发展产生更为深远的影响。

尽管对学术研究有着浓厚兴趣，从"福特班"毕业后的赵学军并没有像许多同学一样出国或留校任教，而是先后从中国仪器进出口总公司转战北京商品交易所，参与期货交易所的筹备、设立。1994 年，28 岁的赵学军出任天津纺织原材料交易所总裁。角色的变化，带给年轻的赵学军全局的思维方式与丰富的管理经验。

1996 年底，赵学军再度选择"治学"，他辞去了期货公司的工作，凭借出色的英文水平和福特班打下的经济学底子，准备了短短三个月，就考上北京大学光华管理学院，师从著名经济学家高尚全，攻读经济学博士研究生。

1998 年，修满学分开始准备博士论文的赵学军加盟北京证券，出任基金部总经理助理。他和嘉实基金的缘分，也就此种下。

在赵学军着手准备博士论文时，他曾在两个方向之间徘徊。导师高尚全曾任国家体改委副主任，主攻方向是研究中国经济体制改革，选择制度经济学方向做论文，对赵学军而言，是顺理成章的事，但他本身对金融市场更感兴趣，最终决定以金融市场作为博士论文的研究方向。

传统西方金融理论建立在市场有效理论的假设上，核心含义是有效的市场信息传播，假设信息会在同一时间，以同样的密度、同样的质量被所有投资人同时得到。因为有多年证券业的工作经验，赵学军对市场有效理论充满了怀疑，他发现，在中国，信息是逐层传播的，越靠近信息源，得到的信息越早质量强度越高，在角落得到信息最晚，而且是扭曲的，失真的。随着研究深入，赵学军越来越相信市场有效理论不适用于中国。

国内当时还没有一篇这方面的文章，赵学军查阅了许多英文原版书，他要从理论上验证 A 股市场是非有效的。在这一研究的基础上，赵学军最终确定以行为金融学作为博士论文研究方向。他的论文，成为中国最早关于行为金融学的学术研究文章。行为金融理论以金融市场中行为人的行为研究为起点，所以必须更深入理解行为人的行为方式和规律，才可以准确把握行为人对金融资产价格的影响和有效解释金融市场现象。

时至今日，我们检索国内关于行为金融理论与中国证券市场的相关研究时发现，赵学军 2001 年在《金融研究》上公开发表的《中国股市"处置效应"的实证分析》一文，已成为后来该领域学术研究者引用的文献出处。

"传统金融理论告诉我们投资者应该如何管理投资，而行为金融理论则告诉我们投资者实际上是如何行动的。"赵学军解释道。

对学术研究的兴趣，一直贯穿并影响着赵学军的工作。即使在嘉实基金工作多年之后，赵学军依然保持对学术前沿的关注。采访中，他饶有兴趣地谈起了他在 TCFA（全美华人金融协会）2007 年会的经历。会上，麻省理工学院的罗闻全教授作了"关于适应性假设理论"的演讲，运用现代生物学和心理学的最新研究成果，对市场从无效到有效的渐进式进展提供了较好的解释，也较好地回答了为什么对冲的机会大量、普遍存在，从而为对冲基金的合理性提供了一种理论解释。"这一理论框架与行为金融学有相通之处。"

一直以来，赵学军对新的投资技术、投资方法以及资产管理行业的新动向保持了敏锐的触觉和深入的思考，一旦想明白了，他就会付诸行动，绝不迟疑。

嘉实基金便是赵学军学术信仰的实践场。从 14 年前在"老十家"中倒数第一，到今天被誉为业内最具创新能力和最有想象空间的基金公司，赵学军不断将自己成熟的想法付诸行动，嘉实基金一路走来，新招频出，精彩纷呈，屡屡让行业惊叹，并成为研究学习的对象。

从倒数第一起步
重塑嘉实基金

经历了在北大攻读博士的这一次的"学术"回归，赵学军对"知行合一"的辩证关系有了更进一步的理解，他相信"知是行之始，行是知之成"。

1998 年，中国基金业诞生。当年 10 月，赵学军离开北京证券，参加大成基金的筹备工作。有了期货公司、证券公司的工作经历，赵学军判断，基金管理更是自己喜欢和擅长的方向。1999 年 3 月，大成基金正式成立，赵学军先后任职大成基金总经理助理和主管投资、运营业务的副总经理，同时兼任基金景阳、景宏的基金经理。

2000 年年中，嘉实基金股东与管理层之间的矛盾激化，8 月，赵学军临危受命来到了嘉实基金。当时，在"老十家"中，嘉实基金垫底，无论公司管理资产规模还是员工收入与大公司都有相当差距。"一只基金、20 亿元规模、3 000 万元收入、30 个人"便是对它最简洁的概括。

赵学军富有理想，并不影响他具有强烈的现实责任感，他要做的，正是让理想照进现实。

来到嘉实基金后，赵学军发现比规模排名落后更为糟糕的是，员工士气低落。"嘉实基金的员工去证监会拿批文，都是低着头去，拿了文件就回来了，连跟会里的领导沟通交流的勇气都没有，像一个受气的孩子。"他说。

赵学军明白自己首要的任务就是彻底改变嘉实基金的败者心态。在他看来，能力相近的人，最终的成就往往差别很大，其中关键的影响因素就是人们对自身的期许、自信以及勤奋。

赵学军回忆，当年在嘉实起步之时，最难的工作是如何将嘉实变成一个自信和具有"赢"文化的企业。

所以，身为总经理的他以身作则，带头加班。赵学军经常一个人独自加班，甚至有一天还被锁在了办公室。他的勤奋慢慢传递给了员工，今天，公司员工晚上加班到七八点钟是很正常的事情，"我不相信一个企业不需勤奋就可以成功，"赵学军说，"西方有一个统计，一个国家劳工工作时间的长度，与国家的财富成正比，企业也一样，你不可能天生比别人强。"赵学军笃信天道酬勤。

他招贤纳才。2000年11月，窦玉明追随赵学军从大成基金来到嘉实基金。1998年底加入大成基金的窦玉明一直是赵学军的助手，先是交易员，后来成为赵学军所管基金的基金经理助理。2000年12月，在清华大学攻读博士的李道滨也来到了嘉实基金，后来，他们一个主管投资，一个主管营销，被外界视为赵学军的左膀右臂。

他重塑企业文化。为了鼓舞士气，嘉实基金甚至成立了一支足球队，请了专业的足球教练，一周踢两次，一次训练一次比赛，塑造赢的精神。

赵学军坦言，那段时间是他到嘉实基金以后最困难的日子。由于"基金黑幕"的影响，基金新产品发行基本上处于停滞的状态，只有基金泰和一只产品，公司管理资产规模一直停滞在 20 亿份。"一年半的时间，嘉实基金一直垫底，公司上下心理上都很受折磨。"赵学军说。

最初的两年，尽管艰难，赵学军仍充满信心。因为他相信只要形成了正确的方法论，并给予时间去实现与验证，就能够成功。基金公司最核心的竞争力是投资业绩，而好的业绩来源于好的思想。基于对 A 股市场非有效性的判断，赵学军带领嘉实投研团队探索在 A 股做投资有效的方法——坚持基本面研究，并以组合投资、资产配置的方法建立一套科学的投研系统。"只要大的认知对了，坚持做下去，就一定能走到你想去的地方。"赵学军的自信来源于理论上的深入思考以及多年的工作实践。

嘉实基金早期的投资总监波涛是美国纽约州立大学金融学博士，推行"管理型指数化"的操作模式。虽然赵学军跟波涛私人关系不错，他也认可波涛的学问，但他们在学术方面的信仰不同，赵学军坚信，在 A 股市场，量化投资、指数化投资做不过基本面投资。后来，波涛离开了嘉实，由与赵学军一样信仰基本面投资的窦玉明出任投资总监。

赵学军把自己对 A 股市场弱有效性的研究应用到实践中，开始重构嘉实基金的投研体系。首先，在基本面投资的理论框架基础上，赵学军着手建立投资研究制度流程，力求将科学化、系统化的流程融入投资管理中。对制度经济学有很深认知的赵学军相信，好的制度可以让平庸的人变为优秀的人，让不努力的人变成努力的人。他率先在嘉实基金的投研部门推行流程化管理，其中的关键流程包括"上市公司调研流程"、"重点股票跟踪流程"、"投研月度会议流程"等，通过严格的流程化管理，规避不必要的风险。"研究驱动投资"的理念，在嘉实投研内部薪火相传，深入人心。

赵学军还将自己对 A 股市场非有效性的研究和基本面投资的信仰，应用到产品创新中。2000 年末，嘉实基金向证监会递交了第二只封闭式基金嘉实丰和的申请，这是全市场里首只明确约束投资范围的基金，只买低市盈率、低市净率的股票。当时的背景是美国互联网络泡沫仍在顶峰时期，网络股已脱离市盈率追求市梦率，而 A 股市场更是投机盛行，垃圾股"乌鸦变凤凰"的故事不断上演，市盈率、市净率是不太合时宜的名词。对行为金融学有深入研究、对市场情绪有深刻理解的赵学军，面对浮躁的市场，却保持着理性、清醒的思考。

2002 年 3 月，嘉实基金第二只封闭式基金嘉实丰和终于得以发行。

2002 年 10 月，嘉实基金第一只开放式基金嘉实成长收益发行。

这一年，比新基金"破冰"更让赵学军欣慰的是嘉实在社保选秀中一举胜出。

2002 年，全国社保基金理事会首度面对基金公司选择投资管理人，"老十家"基金公司悉数参与竞争。这个被称为"社保选秀"的活动被业界认为是衡量基金管理公司行为规范、投资能力、风险控制的一把尺子。管理规模排名最后的嘉实基金，看上去中标希望并不大。但赵学军却坚信，嘉实基金的专业能力、投资方法论和管理水平，能够得到社保基金的认可，他坚持反复跟社保理事会沟通，去赢得社保基金理事会的信任。

2002 年 12 月 20 日，全国社保理事会公布，6 家基金公司获得了社保基金投资人管理资格，嘉实基金名列其中。而在当月刚刚结束的 2002 年度基金投资业绩争霸战中，嘉实基金旗下的基金泰和在所有基金中业绩排名第一。

这一天，赵学军知道，嘉实基金走过了第一阶段。"那也是心理上极负重荷的阶段。"赵学军说。

引进外资股东
理顺治理结构

走出低谷之后，赵学军进一步夯实嘉实基金的发展基础。

2004 年，赵学军在媒体上公开发表了一篇题为《流程的力量》的文章。文章中透露，他希望用流程将成功的经验固化下来，像经脉一样串联起整个组织的行为，在提高效率的同时，保证业绩的可持续性和可复制性。这一年，嘉实基金旗下5只股票方向基金的业绩在23家公司中排名第六，管理资产规模排名第五。在赵学军的带领下，嘉实基金无论是业绩还是规模，都开始进入基金业第一方阵。

赵学军在致力于公司制度建设、投资体系打造的同时，也一直在考虑公司治理问题。作为掌舵者，他很清楚良好的公司治理机制是企业发展的立根之本。何况在他加盟嘉实基金之前，嘉实的股东与管理层之间也爆发过纷争。

怎样避免重蹈覆辙，从基础上建立与完善公司良好的治理结构？深谙制度经济学的赵学军深知，公司治理是制度经济学中重要的一环，而有过多年公司管理经验的赵学军，更深知其现实意义。"只有治理结构理顺了，才能放开手脚做事，否则，总经理连自己能干多久都不知道，怎么可能有五年、十年的战略规划？没有长远战略的公司，又如何能走得更远？"

经过反复思考，赵学军开始考虑合资事宜。

在股东的支持下，2005年3月，赵学军与德意志资产亚洲（日本除外）总裁兼全球执委蔡秉华代表双方签署了合资协议，2005年6月，德意志资产管理公司正式参股嘉实基金，嘉实成为规模最大的合资基金公司，公司股东为：中诚信托持股48%，立信投资持股32.5%，德意志资产管理（亚洲）持股19.5%。2009年，嘉实基金股权再次变更，大股东中诚信托降低了持股比例，中诚信托、立信投资、德意志资产管理（亚洲）公司分别持有嘉实基金40%、30%、30%的股权，股权结构更加均衡。

合资对于嘉实，不仅能够获得海外资产管理机构先进经验与智库支持，更让公司的经营决策透明、规范与理性。"中诚信托是国有控股，立信投资是民企，再加上老外，这样的治理结构，使大家能够把所有的问题都放桌面讨论，而不会在桌下搞小动作，无论哪一个股东都不可能不顾利益做一些非理性的事情。"赵学军说。

不为外界所知的是，在2005年嘉实合资之际，公司管理层股权激励问题已经得到了各方股东的认可。在合资的股东协议书中，明确写着，一旦法规允许，股东将对嘉实基金管理层增发20%的股份，这个协议在当年就已正式上报给证监会。赵学军表示，法规不允许时可以等，但不能等到法规允许了，股东却不让，"公司治理应着眼于长远，嘉实不应该有影响公司持续健康发展的任何遗留问题。"他肯定地说。

不言而喻，2005年的合资对嘉实基金意义深远。2009年，赵学军在接受记者采访时曾说："过去十年谁对嘉实基金作出了卓越的贡献？我想其中一个人就是当年代表德意志银行和嘉实谈合资的蔡秉华先生。"

在基金业大发展的前夜，嘉实基金在公司制度、流程管理、投研体系建设乃至公司的治理结构上已作好充分的准备，很快将进入第一轮的冲刺阶段。

2005年5月，股权分置改革启动，6月6日，上证综指在盘中创出998点新低后，开始震荡上行，2006年，上证综指从1 163点一路高歌猛进，到2006年底，上涨至2 675点，涨幅130.43%。投资者受赚钱效应吸引，开始追逐基金，基金规模不断壮大。

2006年12月7日，嘉实策略增长基金发行。仅仅1天，募集419.17亿份，创下基金发行史上发行时间最短、募集规模最高的两项纪录，业界一片惊叹。这一纪录保持至今。

2006年底，嘉实基金以1 086.7亿元的管理资产总规模，在全行业排名第一，成为国内首家资产管理规模超过千亿的基金管理公司。

2007年，市场更加疯狂，上证综指在10月16日创下6 124点的历史高位，嘉实基金以2 526.7亿元的资产规模排名第二。

仅仅两年，嘉实基金管理规模从2005年底的411.37亿元起步，增长了6倍多。

嘉实基金的快速崛起以及它在基金营销的一些经典案例，至今仍然是业内研究学习的对象。

"全天候 多策略"
回报客户 志在长远

正当人们满怀信心期待牛市下半场的时候，这头疯牛却再也走不动了。2008 年，A 股市场经历了史无前例的大熊市，上证指数全年下跌 3 450 点，跌幅高达 65%，A 股总市值缩水 62.9%，从 2007 年的最高点 6 124 点到 2008 年的最低点 1 664 点，上证综指跌幅为 72.86%。绝大部分散户在四五千点的高位进来，陷入亏损之中。

在牛市末期，赵学军深感市场在疯狂中暗藏巨大的风险，2007 年 10 月，在股市接近最高点的疯狂时刻，赵学军把公司所有基金经理叫到北二环的一个小院子一起吃饭，要求大家大幅度减仓，并判断这是最后一次减仓的机会，但当时市场一片欢腾，基金经理大多不愿减仓。在嘉实，充分尊重基金经理的投资逻辑，从不搞"一刀切"。在反复探讨之后，最后嘉实旗下股票方向基金减仓 10%。这次减仓，让嘉实基金在熊市到来之际，在一定程度上减少了损失。2008 年，嘉实基金旗下股票方向基金的平均业绩仍保持在中上水平。

但这丝毫没有减少赵学军的危机感。2008 年，股票方向基金全面亏损，整个行业的平均亏损幅度超过 40%，投资者全面被套。A 股市场不成熟，大起大落是常态，而且是牛短熊长；投资者往往喜欢追涨杀跌，这是人性的特点，这两个因素叠加在一起，老百姓大部分都在最高点买基金，然后套在其中。如果投资者始终处于亏损状态，最终势必用脚投票，基金业的发展，就成了无源之水。

看到"危"的同时，赵学军也看到了"机"，他相信，"拂去浮华后的优秀基金公司，依然大有可为"。

如何为投资者创造真实回报，能否创造不同？在赵学军看来，嘉实基金应该有所担当。这也成为赵学军思考的重点。他认为，随着美国次贷危机引发的全球金融风暴，以及中国经济的转型，国内基金业发展的市场环境已出现了两个重要的转型：一是投资领域正在发生根本性的变化，过去靠股价、房价上涨赚取差价、获取收益的游戏，在2008年已走到一个阶段性的尾声；二是投资市场和投资者心态发生了根本性的转变，随着老龄化社会的到来，投资人的风险偏好降低，从过去靠运气获取资本利得，变成真正的投资，靠投资的时间价值来获取收益。"就像日本的基金产品90%以上都是以收益型为主的产品，人口结构是关键因素。"赵学军说。

嘉实基金如何以变应变？在新的时期，如何才能实现系统产出的、可持续的回报？

参考美国资产管理业，赵学军认识到，帮助投资者赚钱的最有效的方法是"良好的公共交通加顾问"。他作了一个形象的比喻，基金是公共汽车，不是出租车，也不是私家车。如果你从北京郊外的通县来，要去鼓楼，你可以坐出租车或私家车去，但大多数老百姓会选择坐公共汽车，首先你要知道应该坐1路或者4路，但显然一辆公交车是到不了的，你需要到天安门换乘公交车向北走，那么你首先依靠的是稳定的路径；另外，你还要懂得什么时候换车，才能到达目的地。基金是公共汽车，提供的是稳定的线路，可以通过换乘来达到目的。"基金产品是线路，理财顾问指导你怎么达成目的。"赵学军说。

赵学军的风格是，先想后做，思考与辨析的时间可能比别人更长，但一旦想清楚了，决定做就绝不回头。

2009年，嘉实基金成立十周年之际，赵学军提出了嘉实下一个10年的蓝图——以一流业绩为核心，致力于"全天候、多策略"投研升级，强化零售、机构、海外三大平台，坚持高绩效的国际化战略。赵学军相信只有"一流的业绩、一流的产品和一流的服务"才能够为中国乃至海外的投资者提供"良好的公共交通加顾问"。

赵学军首先推进"全天候、多策略",开始了对嘉实投研平台 2.0 版的升级改造。建立宏观和行业研究平台作为投研共享中心资源,并根据各基金的产品风格,匹配不同投资风格的基金经理,分成债券、低风险混合、成长、主题、GARP\量化、指数、海外等投资小组,为打造多策略的投研能力提供了根本保证。

在赵学军看来,投研的核心是加强研究和风险管理,为了提高研究平台的整体战斗力,嘉实基金给优秀研究员的薪水,甚至比普通基金经理要高。同时,基金经理的权限有更明确具体的边界,保证各个策略和基金的风格不能漂移。

通过坚定地执行"多策略",嘉实基金打造出具有不同风格、稳定投资观的品牌基金"全天候"的投研模式,要求能够适应不同市场,力争在各种环境下都能达成投资目标。2010 年,嘉实基金业绩优异,旗下 12 只主动股票方向基金平均业绩在全部 60 家公司中排名第四,在前十大公司中排名第一。2009~2012 年,在市场风格不断变化的过程中,嘉实基金凭借多风格的基金实现了业绩的持续优胜,嘉实基金最近三年、最近五年的业绩优良,在大公司中均排名第一。

有了业绩优异的标准化产品,就相当于有了稳定线路的公共汽车,还得告诉老百姓在什么时候上车,在什么地方换车。"如果所有投资人都在 2005 年之前进来,就会赚很多钱;倘若所有投资者都在 6 000 点进来,基金公司再有本事,也不能为投资者赚到钱。"这就是嘉实"全天候"战略要践行的第二步:"全天候、创回报",即为投资者赚钱。

2012 年 5 月,赵学军的"全天候"战略再进一步,嘉实基金投资者回报研究中心成立,赵学军请来了在海外金融领域工作 10 年以上的黄一黎博士负责。"投资者回报研究中心的职能是帮助投资人在市场波动转换间从容应对,致力于实现投资人长期投资与中短期投资的协同,真正实现全天候创回报。"赵学军说。

同年底,嘉实基金投资者回报研究中心开始推出定制产品,为投资者提供"定制化"的一站式基金投资解决方案。至此，赵学军2009年提出的"全天候、多策略"战略蓝图开始全面体现——第一步，建立稳定风格的多策略投资体系，提供标准化的产品；第二步，通过前端的顾问，实现全天候，帮助客户达成投资目标。

嘉实基金的这一创新，至今在业内仍广受关注，有论者甚至认为它改写了国内基金管理公司的定义。业内深知，对于投研体系而言，推行多策略已属不易，但仍然属于投资管理的范畴，是基金公司的当然之责；而全天候扮演的角色实际是财务顾问，这一职责通常被认为是属于基金公司之外的第三方。嘉实基金的投资者回报中心在某种程度上讲是自找苦吃，自加压力。

嘉实基金的投资者回报中心对基金行业而言，无疑是一种勇敢和有意义的试验。尽管从短期看，嘉实的投资者回报中心的定制产品不会有明显效果，但这不失为有远见之举，因为从长期看它能够真正为投资者赚到钱，培养稳定的客户群，这样，嘉实基金公司才能真正做大做强。

"你只要做对的事情，坚持下去，一定会越走越开阔。"赵学军说。

进军海外
目标盯住全球前20资管公司

尽管"全天候、多策略"的战略已经产生实效，在业内广受好评，但赵学军并不满足。"中国市场是不是全球最赚钱的市场？想明白这一点，走出去就只是时间问题了。"他说。

赵学军的目标不只是在中国，而是全球，"未来，全球前20的资产管理公司中，必将会出现中国公司。"在一次接受媒体采访时，他暗示了嘉实基金的目标。

他早就为此埋下伏笔。2001年底，嘉实基金就与英国保诚集团公司签订技术合作协议；2004年与法国兴业合作开发保本型基金。2005年6

月，德意志资产管理公司参股嘉实基金，使嘉实基金成为最大的合资基金公司。

2005 年，嘉实基金与外方股东德意志资产管理公司达成协议，从 2006 年开始，在未来 5 年内，每年双方将交换至少 6 名员工，在对方工作半年左右的时间，赵学军希望以此拓展团队的国际化视野，打造国际化团队。

2007 年，QDII 基金初次出海，9 月，首只股票型 QDII 基金南方全球精选基金发行，之后，华夏全球精选、嘉实海外中国相继发行，然而，"水手"们还没来得及欣赏海外的美丽风光，就遭遇了金融风暴的冲击。但赵学军依然相信，海外有一片非常广阔的天地，面对挫折，他不但没有退却，反而勇往直前。

2009 年 2 月，嘉实国际资产管理公司完成在香港的注册。就在这一年，由于金融危机的影响，嘉实基金外方股东德意志资产管理公司被动调整业务，计划取消原有的区域总部，赵学军认为这是一个机会，提出了收购外方股东这部分业务的要求。2009 年 9 月，嘉实国际在香港完成了对德意志资产管理亚太区业务的收购，包括数只亚洲股票、大中华股票在内的共同基金一同并入嘉实国际管理，一并转入的还包括 5 位平均从业时间在 10 年以上的资深基金经理和销售团队，嘉实基金在最短时间内完成了与国际资产管理公司的全面接轨。

虽然大部分中国基金公司的海外分公司都是从国内或香港招人，以做国内市场为主，赵学军却希望走一条不一样的路。嘉实国际团队成员几乎清一色是老外，赵学军的目标是，以全球投资为主，以中国投资为辅。

赵学军也走在嘉实国际化的前列。每次去嘉实国际，赵学军都会用英文进行交流、演讲，不仅是为表示对外籍同事的尊重，也是尊重嘉实国际已有的平等、专业和国际化的文化。

2010 年，澳大利亚墨尔本，在全球最大的人力资源、养老金咨询机构美世咨询举办的年会上，赵学军用英文作了题为《如何在非有效市场做投资》的演讲，其核心观点在于，西方机构投资者指数化的资产配置是基于市场有效假设理论，而新兴市场是非有效的，在这样的市场，主动投资、基本面投资可以创造最大的阿尔法。300 多位亚太地区重量级的机构投资者，被赵学军的观点打动，更对中国机构投资者的专业精神和专业能力表示钦佩。

赵学军的国际战略也是基于一种使命感。

"从 2000 年开始，日本人进入老龄化社会，日本经济增长减速，靠日本经济已养不活本国的老人，日本人开始买巴西债、拉美债，通过新兴市场的高速增长养活日本的老人。"赵学军说，日本的现状对他启发很深，中国有一天会进入老龄化社会，到那个时候有没有为中国人赚钱的能力？能不能成为在全球有竞争力的机构？

"中国基金业应该肩负起更重大的责任，成为解决中国养老问题的主力军，为国人过上体面的退休生活作出贡献。"赵学军表示，嘉实基金的国际化战略不完全是一个商业规划，也是一个理想。

"我跟证监会说，请允许我尝试，给我支持，让我走一条不同的路，这条路肯定比较难，但我愿意去尝试。"赵学军表示，自己从不给嘉实做广告，如果允许做一句广告，他更愿意说嘉实基金是一个有理想的公司，"因为，只有理想才会永存"。

"我不一定能做成，但我愿意去做。"他说。

在赵学军看来，产品是把公司战略、客户需要以及公司的能力，连接在一起的一个解决方案，客户的需要与公司的能力固然重要，但公司要去哪个方向更加重要。赵学军的目标是，走出国门，与国外成熟市场上成熟的机构投资者一争高下。

2013 年，嘉实基金发行了一只 QDII 新产品——嘉实美国成长基金。

为此，赵学军挖来了美国世纪投资管理集团资深副总经理、美国世纪收入及成长基金的基金经理张自力。据介绍，张自力领导设计的美国世纪纪律化成长基金自 2005 年 9 月 30 日成立以来，风险调整后的绩效在同类型 314 只基金中排名第一。

赵学军对能够引进张自力也是如获至宝，在他看来，张自力是一个大师级的量化专家。张自力加入嘉实会发挥两方面的作用：其一，利用他在美国已建立的成长股量化投资的理论和方法，帮助嘉实搭建投资美国的量化平台，以便在美国经济复苏阶段，让中国投资者有机会投资美元资产获取回报；其二是张自力作为大师级的人才，具备在中国这样一个弱有效市场里建立起量化投资全新的理论框架。

赵学军认为，美国的经济复苏会很强劲很持续，他希望这只产品能够改变中国人对投资海外的负面看法，他相信嘉实美国成长基金有可能成为未来嘉实的一只旗舰产品。

走多元化之路
寻找利润之源

2008 年的金融危机给赵学军的另一个启发是，市场的主体利润已从下游的二级市场转移到上游——PE、VC、资产证券化，上游远比下游利润高，非标准品比标准品利润高。投资人从过去以获取资本增值为目标的投资，正在向以获取业务收益为目标的投资转变。嘉实基金怎样才能帮助投资人投资上游，在更广阔的资产管理领域创造收益？

他开始严肃认真去看股票市场以外的东西，"我们应该做什么样的产品？哪里能够给投资者赚钱？"

赵学军开始了他新的探索，嘉实基金也动作不断，全方位出击。

赵学军用了两年时间，改变了嘉实基金整个的业务布局。在 2012 年年中，时任证监会主席的郭树清提出要打造一个强大的财富管理行业，在监管政策放开之前，赵学军已经开始全方位的布局：

2011 年 2 月，嘉实另类投资集团（Harvest Alternative Investment

Group）成立；2012 年 3 月，嘉实财富管理有限公司（HWM）在上海注册成立，12 月，首家获批独立基金销售资格。

2012 年 9 月，嘉实基金与英国高富诺基金公司联手组建一个专注投资于大中华区的私募地产基金管理平台——嘉实地产。

2012 年 11 月，嘉实基金首批获准成立境内子公司嘉实资本，业务范畴从传统的二级市场投资拓展到"非上市股权、债权、收益权"。

嘉实基金的一连串动作，完全颠覆了公众对国内基金行业传统业务的认识。业内都颇感震惊，都想知道赵学军到底要打造一个怎么样的嘉实。

在赵学军看来，一个投资机构，必须知道要在哪里才能为投资者找到收益，然后去建立你的能力。他表示，企业是创造利润的源泉，企业融资的方式有三种：第一是股权融资；第二是债权融资；第三是用资产融资，企业融资的方式也是投资人可以进入的方式。在他看来，什么样的方式风险收益比最划算，就应该以什么样的方式去进入，不必一定要纠结于二级市场。

德意志资产管理公司曾做过一款产品，把企业贷款打包成产品卖给投资人，对赵学军很有启发，"银行能贷给企业，我们为什么不能呢？"当绝大多数人仍然紧盯着股票二级市场这道菜的时候，赵学军已经看上了金融市场这张桌子上所有的菜。在赵学军看来，在赚钱的链条上，不管是上游还是下游，只要风险收益较好、流动性能满足客户需求，都可以成为投资标的。

赵学军要求旗下子公司在任何一个领域必须做到最专业。那么，怎样才能在这么多领域建立竞争力？没有经验，怎么办？赵学军找来了有340 年地产投资历史的英国高富诺基金公司合资成立嘉实地产。没有团队，怎么办？赵学军瞄上了华润旗下的汉威资本，该公司用管理基金的方式做地产投资，客户主要是全球的养老金，在海外募集的四档基金有三档已经回收，年化收益率在 20% ~25%，而且 95% 都是老客户，在这个领域做得非常出色。赵学军请来汉威资本创始人任荣出任嘉实地产行政总裁，并且把整个团队都挖过来了。

对子公司的管理，是企业多元化发展的重大挑战。通常的做法，是派一个CEO去子公司负责管理，但这种管理模式，总部对子公司的管理可能会失控，像早期的深宝安，在20世纪90年代初鼎盛时期有200多家分公司，结果都各自为王，不受总公司指挥，最后只好清理整顿，关闭了90%以上的分公司。

联想早年的管理模式，给了赵学军相当大的启发。在中关村早期的历史上，很多电脑企业下面都有很多小公司，企业均奉行开小船的原则，每个公司都是小而全，其机动、快速的优势虽然尽现，但若遭遇危机，一条小船便可毁掉整个公司。柳传志在联想坚持推行以"集中指挥，分工协作"为特点的"大船结构"，每个子公司职能都不重复，你是大副，他是舵手，分工明确。时过境迁，当年中关村很多知名企业已了无踪迹，联想的成功却为世人瞩目。

赵学军把柳传志"大船结构"的经验，用到了对子公司的管理上。嘉实基金对全资子公司采取纵向一体化的管理模式，总公司与子公司在投资、内控、财务、人力资源都是一套体系，子公司各业务单元与总公司都有相应对接，如果子公司出现任何问题，总公司的督察长必须第一时间知道。这样，子公司与总公司的关系就像手掌跟身体是筋骨相连，不能割裂。

虽然按照传统的子公司管理模式，指定一两个人负责要简单一些，但赵学军表示，一开始必须做对，否则总公司沉淀下来的文化可能就全没了，还有可能犯错。"嘉实基金的价值观是'远见者稳进'，就是说你可以慢，但不可以做错。"赵学军告诉记者，这种管理模式一开始很难，两年多走过来，大家已经习惯这样的管理方式，有事情，知道第一汇报人是谁、第二汇报人是谁。

"绝对不允许诸侯化，尾大不掉，让子公司将来做大了跟你叫板。"

赵学军肯定地说，嘉实基金对香港的事务，有百分之百的控制力。

有了好的制度，赵学军相信谁来都可以做好，不必担心子公司会失控，嘉实国际有 40 多个员工，总公司只派了两三个人过去，而且全部都是做后台支持工作。

"嘉实这条大船上，有大副、轮机长、领航员、服务生，大家协同配合，目标就是要远航。"赵学军说。

下一个十四年
布局一个强大的嘉实王国

管理嘉实基金，对喜欢学习的赵学军来说，就像解一道道难题。他非常感恩，有机会去实践自己基于学术的判断与想法，"这也是为什么做了 14 年 CEO，没人提拔，我还是很有激情。"他说。

资产管理业是以人为中心以思想为中心的轻资产机构，思想是最重要的。赵学军深知，要实现自己的想法，公司上下必须达成共识形成合力，从 2000 年开始，嘉实基金每年都要召开战略规划会，每次开会，赵学军都要用两周的时间精心准备，各级主管也要花很长时间来准备。某种程度上，战略会是赵学军统一思想的战场，也是对中高层干部的一次集中培训。"从嘉实基金出来的人，都有相同的价值观。"赵学军说。

14 年来，嘉实基金为行业培养了相当多的优秀人才。从嘉实基金走出了 7 位资产管理公司的"一把手"：富国基金总经理窦玉明、中银基金总经理李道滨、民生加银总经理愈岱曦、益民基金总经理雷学军、国寿控股党委书记王君辉、农银国际总经理秦岭、中金资管"一把手"崔春。

对跟随自己多年的老部下，赵学军爱护有加，他认为，一个组织不是一部机器，必须要有血有肉有精神。

2007 年，窦玉明的离开，曾经备受关注。事实上，是赵学军自己把窦玉明推荐给了富国基金。当时，富国基金在全球招聘总经理，上海金融办主任方兴海找到老朋友赵学军推荐人选。犹豫了一阵，赵学军最终推荐了窦玉明。窦玉明到富国基金后做得风生水起，成为新一代最出色的基金公司总经理之一。2011年，李道滨离开嘉实基金，出任中银基金总经理，也同样得到赵学军的鼓励与支持。"有机会，他还是希望能留给自己人，为嘉实基金作出过贡献的人。"赵学军表示。

当记者再次提出那个被媒体重复了很多遍的问题"为什么选择坚守在嘉实"，赵学军坦言，已给自己确立了新目标。"我今年48岁，职业生涯还能有几个14年？我不愿意再花14年去重复自己以前走过的路，而是希望用下一个14年把公司推到更高的水平上去。"做一个独特的企业，为社会创造出独特的价值，这正是赵学军坚守的理想。

"这个战场、这个事业是如此宽广，只要你的思想对了，坚持下去，总有一天你会变得无比强大。"赵学军乐观而坚定，他有信心用10年的时间，把嘉实基金打造成为具有国际竞争力的领先的资产管理机构。

赵学军是运动健将，喜欢滑雪、打篮球，1992年，在复旦校运动会上，赵学军打破了复旦研究生院的跳高纪录。

"思想有多远，你就能走多远。"喜欢挑战的赵学军，正在布局一个强大的嘉实王国。

王立新

　　负笈于北京大学、中央党校，出道于南方基金，南征北战的王立新可谓系出名门。

　　"苟日新，日日新，又日新。"掌舵银华基金将近 8 年，王立新看重发展质量，甚于发展速度。

王立新：大道无尽　正道无涯

银华基金总经理王立新特别推崇耶鲁大学基金会首席投资官史文森所著《机构投资者的创新之路》一书，"这本书告诉我们，资产管理公司要想经营持久，必须要走大道、走正道。"

王立新是基金业最老的一批创业者，从 1998 年参与筹建南方基金到现在，王立新与基金业一起成长，一同经历了早期艰难的探索、中期飞速的发展和近年来全面的转型，有过艰辛与困惑，也有过喜悦与骄傲。十五年的时间，也许只是生命长河中的一瞬，却足以把一个初入世的少年磨炼成理念鲜明意志坚定的高手。而初入行时意气风发的王立新，已成长为谦和稳重、富于智慧的行业重量级人物。

经过多年的历练，王立新特别强调风险控制和规范经营，他在银华基金提出了四不原则：不违规、不投机、不侥幸、不打擦边球。

"发展的速度不是第一位的，发展的质量才是关键。"他说。

生于危难　奋斗求学
与改革岁月共舞

王立新于 1966 年出生在河北省无极县，那一年是"文革"元年，因为提倡破四旧立四新，所以父亲给他取名立新。在那个唯成分论的年代，家庭成分被划为地主的王立新，童年时代受尽了磨难和歧视，曾有过两次辍学的经历。

1976年打倒"四人帮"之后，"文革"结束，1977年恢复高考，王立新开始专心念书，天资聪颖的王立新学习成绩优秀，1982年初中毕业考取了县里的状元，考上了河北省最好的辛集中学。

1985年，成绩优异的王立新考上北大哲学系。20世纪80年代中期是中国改革开放的第一阶段，全社会充满了欣欣向荣的朝气，各种思潮泛起，思想十分活跃，北大是自由思想的先锋地带，王立新喜欢听各种各样的讲座，也看了很多书，像海绵一样不断地从学习、从周围环境吸收营养。四年的学习，让年轻的王立新充满了激情，他希望能投身到市场经济改革的大潮中，对国家改革、政策研究出点力。

1989年，王立新考上中央党校的研究生，学习中西经济体制比较专业。

按照当时中央党校的规定，入学新生都要去地方锻炼整整一年。王立新来到山东淄博张店区南定镇漫泗河村，在村办小学住了大半年，后来又到区里做村宣传委员的助理，写黑板报、标语，做计划生育宣传工作。一开始，村里的老百姓还以为他是来改造的，离他远远的，后来慢慢了解，对他就转变了态度，王立新的个性也很随和，跟当地的老乡相处得很好，回来几年，跟他们都还有联系。

1990年，王立新回到党校念书，中央党校是培养领导干部的地方，经常会有一些领导干部来作讲座，他还听过朱镕基总理的报告。王立新对中国经济改革非常感兴趣，发表了很多文章。

研究生毕业前，王立新到国家体改委宏观司实习了半年多，他希望毕业后能进国家体改委，希望能为中国的改革事业出一份力。当时楼继伟任司长，朱利是副司长，李克平任财税处处长，因为有政策规定应届生不能直接进党政机关，不能落户口，虽然朱利很欣赏王立新，但仍然没能留下。

最后，王立新被分配到工商银行机关党委宣传处负责管理行内的党校班，一年后到基层锻炼，在北京分行东城支行金鱼胡同分理处锻炼了一年。1994年底，经朋友介绍，他去了中农信发展部，该部主要负责公司发展战略、股权管理、产品金融创新，要跟公司各个分支机构打交道，非常了解公司情况。在这里，王立新见证了信托公司野蛮生长快速扩张的过程，中农信是当时发展最快走得最激进的信托公司。"就像打了鸡血一样，到全国各地扩张业务，有一种撒豆成兵的疯狂。"他说。

当时，整个信托业都在快速扩张的过程中，管理混乱，加上外部环境不太好，1995年信托业开始了第四次整顿，392家信托公司变成1996年的244家，中农信是第一家被关闭的信托公司。王立新经历了中农信从快速扩张到被关闭的历史，对金融类公司的风险有了深刻的认识。

走进南方　走进基金业
探索低风险产品创新

1996年10月，在中农信倒闭前夕，王立新转战到南方证券在北京的基金部，做了两年投资业务，王永华当时任南方证券基金部总经理，王立新称他为师傅，跟他学做投资。

早在20世纪90年代初，首任中国证监会主席刘鸿儒一直呼吁大力发展投资基金，由于各种原因，投资基金迟迟未能设立。1997年，亚洲金融危机爆发，加快了中国基金业诞生的步伐。证监会提出引入机构投资者稳定市场，1997年11月，在东莞长安镇莲花山宾馆，举办了准备参与基金公司筹备人员的第一次培训会，后来被称为莲花山会议，相当一部分参会者成为基金业最早一批从业人员，比如范勇宏、高良玉、韩方河等都在其中，参加这次培训的人，就视同有了基金从业资格。

1997年底，证监会成立基金部，首先确定南方证券组建南方基金、国泰证券组建国泰基金、华夏证券组建华夏基金。

王永华带着王立新与另外一个同事一起到深圳参与筹备南方基金，

南方基金成立后王永华任总经理助理、投资总监，后来任副总经理，2000 年离开。

王立新很快被派回北京，全权负责基金公司章程、产品文件的起草工作，他的助手是当时研究生还没有毕业的李旭利。那是一个开创历史的年代，基金开元是第一只规范的证券投资基金，招募说明书就是王立新写的，后来成为了国内证券投资基金招募说明书的范本。南方第一只基金起名开元，也是王立新与同事讨论半天想出来的：一取开辟新纪元之意，同时也是期望迎来中国基金业的"开元盛世"。

1998 年 3 月，南方基金成立，王立新回到深圳上班。一开始做酒业研究员，他还记得多次到燕京啤酒调研，总经理高良玉有时也跟他一起去，"当时行业研究、公司研究还很初级，主要关心公司的业绩变化。"王立新说。

1999 年，南方基金组建产品开发和市场营销部，为开放式基金作准备，王立新被任命为该部门总监。当时，国务院下文要清理老基金，最初一年多，王立新的主要工作是清理老基金，在东北跑了一年。

之后，王立新开始着手准备开放式基金，当时南方基金要从深圳罗湖区搬到福田区的投资大厦，耽误了一些时间，王立新率领团队在非常短的时间赶了上来。华安创新是全市场第一只开放式基金，南方稳健为第二只。为了向境外机构学习，王立新还去香港汇丰学习了几个月，南方稳健的招募说明，也是王立新主持写的。

因为开放式基金是新东西，老百姓不了解，在银行的帮助下，南方基金组织了大规模的推介活动，第一场演讲在上海，上千人的大礼堂，没有演讲经验的王立新面对如此多的观众，很紧张。南方稳健于 2001 年 9 月发行，当时，A 股市场已见顶回落，一轮持续五年的熊市正在到来，在开放式基金建仓期，市场急速下跌，很快，开放式基金业绩出现亏损。2002 年，A 股市场持续低迷，全年下跌 17.5%，基金首次出现全行业投资亏损，全部 71 只基金亏损约 100 亿元。

股市不好，基金亏钱，新基金销售异常困难，必须寻找新的投资标的，南方基金转而关注能够给老百姓带来持续稳定收益的低风险产品。2002 年，王立新开始研究固定收益类的基金产品，第一只债券基金宝元债券就是由王立新主持研究，不过，当时债券交易所市场还非常小，最终宝元债券没有设计成做纯债的基金，而有 40% 的仓位可配置股票。虽然发行市场低迷，南方宝元债券在工商银行发行 40 多亿元，轰动一时。

南方宝元债券热销，增强了南方基金发展低风险产品的决心，王立新带领团队继续进行低风险领域的产品创新，他把眼光盯上了当时在国外相当流行的保本基金，为了开发这一产品，王立新从加拿大鸿利保险引进了保本人才江林杰，带来了 CPPI 策略。2003 年 5 月，南方基金推出了第一只保本基金——南方避险，因为没有金融机构提供第三方担保，所以很遗憾，不能在产品名字中加入"保本"二字。

没能等到南方避险靓丽登场，王立新却已计划离开。

重返京华　转战银华
推出保本首战告捷

深圳的事业蒸蒸日上，但远在北京的家，一直是王立新心底深深的牵挂。这份回家的渴望成为了王立新与银华情缘的开始。

2001 年 5 月，银华基金成立。银华基金是第二批成立的基金公司，当时国务院发文清理 20 世纪 90 年代初期设立的不规范的证券投资基金，证监会同意为清理老基金作过贡献的金融机构设立基金管理公司。银华是在清理完老基金之后设立的基金公司，与之同时期成立的有易方达、宝盈等基金公司。

2001 年 7 月，银华基金旗下第一只封闭式基金天华基金扩募，遇到了非常大的困难，到最后一天，由于认购不足，差点发行失败，后来托管银行农行贷款给承销商湘财证券，钱没到账基金已经上市交易。

2002 年，银华基金着手准备发行第一只开放式基金，急需市场营销和产品设计方面的人才，时任银华基金投资总监的石松鹰找到王立新，希望能推荐他到银华基金。因为可以回北京，王立新颇为动心。

一次偶然的机会，王立新在北京见到了时任银华基金副总经理的彭越，对银华基金的印象彻底改变。当时，彭越以副总经理的身份主持银华基金的工作，他的心胸、进取心和干事业的劲头，让王立新颇为佩服，也产生了信任感。为了争取人才，彭越也非常有诚意，表示将原本在深圳的银华基金市场部搬迁至北京，让王立新很是感动。

彭越与王立新也自此结下了十年同事的缘分。

虽然银华基金短期状况不理想，王立新还是下定决心，从当时已经初具规模而且很有市场号召力的南方基金，转战尚需解决生存问题的银华基金。

南方基金总经理高良玉对王立新很是挽留，表示可以在职务上、收入上都有所提升，一心想回北京的王立新，最终离去。

2002 年 10 月，在股市的凄风苦雨中，王立新来到了银华基金，任总经理助理，主管产品和市场营销。初来乍到，王立新即面临挑战：10 月底，银华基金第一只开放式基金银华优势企业发行，由于客观原因，渠道留给银华的募集时间只有 20 天，股市又跌跌不休，发行非常困难。

银华优势在中行发行，当时中行的证券交易系统比较落后，很多支行都没有上线，全部靠手工操作。渠道销售遇阻，只能在机构销售方面想办法，王立新和彭越天天跑保险公司，最终，银华优势募集了 16.8 亿元。当时股市低迷，银华优势将投资股票的上限设计为 75%，基金经理为投资总监石松鹰。但好发不好做，好做不好发，很快，2003 年"五朵金花"行情到来，发行特别困难的银华优势业绩优良，为客户赚取了满意的回报，并获得首届金牛基金奖。

在南方基金负责产品设计的王立新深知，从客户需求考虑，低风险基金更适合中国老百姓的需求。在银华优势发行后，王立新提出了发行保本基金的想法，在公司上下得到了认同。当时监管部门对产品发行管理很严格，王立新跟彭越一起多次到证监会汇报，希望新产品能够以保本基金命名，证监会要求必须有金融机构担保，彭越找到大股东北京首创，经过很长时间的说服工作，北京首创终于答应为银华的保本基金作担保，又费了很大周折，最终得到监管部门的认可，前后整整用了一年的时间。

当时基金发行有一个不成文的规定，一只产品上报获批后必须完成发行，才能再报新产品，所以，一家基金公司一年基本上只能发行一两只产品，为了准备保本基金，2003 年，银华基金一只新基金也没有发行。

一年的辛苦努力得到了丰厚回报。2004 年初，银华保本获批，成为第一只将"保本"二字写进基金名称的产品。银华保本受到投资者的热烈欢迎，9 天时间发行了 60 亿元。"创下了当时发行时间最短、募集金额最高的纪录。"我们本来申请的是 120 亿元，最后只批了 60 亿元。"王立新还记得，当时银华保本在建行发行，最后一天看到建行大屏幕上显示 60 亿元的数字，公司上下欣喜若狂。

银华基金从此进入百亿元俱乐部，解决了生存问题。在银华保本发行之后，基金发行出现了短暂的火暴，首发规模过百亿元的基金出现。2004 年 3 月，因经济出现过热苗头，政府进行宏观调控，股市大幅下挫，刚刚发行的几只大规模股票基金都亏了钱，伤了渠道。"银华保本不仅没有给投资者造成损失，还有一定收益，说明低风险基金在不成熟的大起大落的中国市场，有非常重要的存在价值。"王立新说。

由于工作出色，2004 年，王立新升任副总经理。

2004 年，股市反复下跌，基金发行再度陷入低迷，当时流行一条短信，讽刺卖基金是老鼠给猫敲门，说明基金销售人员的艰难。2004 年 7 月，银华基金推出创新产品道琼斯 88，但发行仍然相当困难。

2005 年 4 月，股权分置改革拉开序幕，虽然市场仍在震荡之中，王立新开始准备逆势发行股票型基金。从业经验丰富的王立新深知，在选择产品发行时机时，不能完全被市场牵着鼻子走，有时候，和短期市场不合拍、发行较为困难的产品，长期来看对投资者反而有利。

2005年8月，银华核心价值优选基金发行，王立新带领营销团队在大连、北京连续开了两次发行动员会，却仍然少人问津，银行只卖了3亿多元，王立新与彭越、尚健又频繁跑机构，最终募集规模为5亿多元。

因势利导　乘时而动
带银华跻身前十

2005年底，总经理尚健离开银华基金，转投国投瑞银的前身中融基金。董事长彭越提出，不再从外面招聘总经理，并提名王立新任代理总经理，2006年3月，银华基金正式认命王立新担任总经理。

接任总经理初期，王立新颇感压力。尚健离任后，内部管理需要重新协调，公司有很多资历很深的"老人"，比如分管投资的常务副总经理石松鹰，在银华的资历就比王立新深，如何协调好各种关系，如何稳定队伍，王立新面临考验。

为了增强公司凝聚力，王立新开始着手打造公司文化，在他看来，买方需要一个相对稳定的文化，需要建立一个融洽、稳定的工作环境。"因为基金公司追求的是长期业绩，不像投行，讲究狼性，比较短期。"他说。

王立新提出了诚信、专业、和谐、创新的公司文化。为了营造稳定宽松的工作氛围，快乐工作，王立新颇费了一番脑筋，银华基金工资不高，但福利比较好，公司会尽量帮助员工解决后顾之忧：看病难，公司专门请了医疗顾问，帮员工约医生约专家；小孩不是北京户口的，公司帮着解决上学问题。

王立新刚上任，牛市就扑面而来。2005 年 4 月，股权分置改革开始，6 月 6 日，上证综指盘中创出 998.23 点新低，虽然股市要跌到 800 点、500 点之说不绝于耳，行情却已经从绝望中诞生。2005 年下半年，股市虽然有所反复，但整体开始企稳，并缓慢上行，2005 年末，上证综指以 1 161.06 点报收。

2006 年，经济持续保持强劲的发展势头，上市公司业绩增速大幅提升，加上股权分置改革进展顺利，投资者信心提升。有机构甚至提出"股市迎来了黄金十年大牛市"，相当振奋人心。

银华基金旗下当时有四只股票型基金：天华基金、银华优势企业、道琼斯 88、银华核心价值优先。为了跟上牛市步伐，王立新决定，新产品全面转型股票型基金。

2006 年 6 月 9 日，银华优质增长基金成立，首募 98.32 亿元；2006 年 11 月，银华富裕主题发行，首募 50 亿元。

银华基金有较强的投资能力，投委会主席、主管投资的副总经理石松鹰经验丰富，还有银华道琼斯 88 基金经理许翔、银华优选基金经理蒋伯龙这样优秀的基金经理。"在 2006 年初，银华基金投委会从经济增长和股改两条主线，认识到会有一个很大的牛市，抓住了牛市的机会，获得了较好的业绩。"王立新表示。

2006 年底，凭借优秀投研团队，银华旗下的股票型基金业绩表现突出，银华道琼斯 88 精选、银华优选基金在 2006 年基金业绩排名中分别居同类产品第一名和第三名，银华优质增长也以 57.42% 的平均净值增长率，在同期成立的基金中名列前茅，银华基金股票方向基金的整体业绩在 45 家公司中排 14 名，在大公司中排名居前。

良好的业绩，在牛市吸引了大量的投资者，2006 年，银华基金冲进前十大基金公司，管理规模为 304 亿元，在 52 家基金公司中排名第 8，而 2005 年的排名为 14 名，提升速度非常快。

2006 年，基金整体获得了非常优良的业绩：全部股票型基金和指数型基金的平均净值增长率分别为 109.23% 和 108.61%，基金的赚钱效应，大大提升了投资者对基金的信任度。

2007 年，经济继续向好，企业利润也继续大幅增长，投资者的热情高涨，大量居民存款涌入股市，储蓄搬家盛况再现，虽然央行 6 次提高存款利率，却仍未能逆转这一趋势。

2007 年，A 股经历了有史以来的大牛市！但现实再次与银华基金开了个玩笑。银华基金的股东之一南方证券破产清算，依据当时的规定，在股权问题未得到彻底解决之前，基金公司不能发行新产品。于是，在单只产品发行规模动辄上百亿元的 2007 年，银华基金只能眼睁睁地看着兄弟公司迅速跑马圈地。

随着股市进入疯狂阶段，越来越多的个人投资者急切地涌入基金，热情高涨，近乎疯狂，排队抢购基金盛况再现，甚至有人凌晨排队买基金、限量申购、一日售罄、比例配售，这些短缺经济时代的词汇被反复提及。2007 年，基金管理资产规模从 8 000 多亿元，增长到 32 755.9 亿元，增长近四倍。

眼看行业飞速发展，银华基金却不能发行新基金，公司上下都非常着急。王立新决定，大力推进持续营销，通过大比例分红、拆分等，银华基金规模增长基本上赶上了行业的增长速度，在 2007 年最高峰时，银华基金管理资产规模超过 1 000 亿元。

2007 年 10 月 22 日，原南方证券持有的银华基金 21% 的股权拍卖，海鑫集团以 11.8 亿元的价格拍得，原始股权溢价 56 倍。在牛市最高点附近，银华基金重新获得发行新产品的资格。

把握机遇　逆势扩张
业绩一飞冲天

王立新深知，基金公司的立身之本是获取良好的业绩，为持有人带来持续稳定的回报，而要做好业绩，必须建立一个强大的投研体系。从市场体系出身的王立新，自出任总经理开始，就把投研体系的建设放在首要位置：跟董事会争取了具有竞争力的薪酬和激励政策，改善了投资部门的结构，增加公司的凝聚力和对人才的吸引力，建立以人为本的买方文化。

2007年，银华基金总部搬到北京，为了尽量减少因搬家导致的人员流失，王立新协调了一年的时间，总体上，公司搬家人员流失不多，基本保持了团队的稳定。

公司规模扩大了，对投研需求也迅速提高。拥有石松鹰、蒋伯龙、许翔等金牌基金经理的银华投研团队实力强大，但面对规模的迅速增长，仍显得人手紧张。王立新希望能够补充新鲜血液，吸引更优秀的投研人才。

2008年，股市遭遇了史无前例的大熊市，让王立新深感压力。但北大哲学系出身的王立新，深知"盛极而衰、否极泰来"的自然法则，在危机中看到了生机。因此，在股市飞流直下三千尺，一路毫无抵抗下跌的过程中，在所有人都非常失望甚至绝望之际，在不少公司采取紧缩战略，准备勒紧腰带过日子的时候，王立新却毅然决定逆势而动。银华基金提出了"大力招人，广纳贤才"的方针，高调扩充投研队伍。

"在我被任命总经理之后，一直都想扩充队伍，但在牛市时人才要价太高、挖不动，市场不好，引进人才反而相对容易。"王立新一方面引进一些丰富经验的投研人员，同时也从学校招聘了一些优秀的毕业生，到2009年，银华投研队伍迅速扩容到近90人，公司员工接近260名，投研人员占比超过了1/3。这样的投研队伍在同规模基金中处于领先地位，对银华基金后来的发展起着至关重要的作用。因为公司搬迁而导致的人才流失得到了迅速的补充，投研团队输入了新鲜血液，为银华基金2009年的业绩腾飞奠定了坚实基础。

也是从2008年起，王立新开始担任银华基金投委会主席，逐步熟悉投研工作，全面管理投资业务。他也开始全力寻找新投资总监的人选，像王亚伟、刘文动、归江这些投资界的明星人物，他都找过。2008年底，王立新找到长信基金的基金经理、投资部副总监陆文俊，在跟陆文俊深谈之后，他非常赞同陆文俊对投资的理解，也非常欣赏陆文俊的投资能力，很快，陆文俊转战银华基金，出任银华基金投资副总监，负责投资部的工作。

陆文俊上任后，王立新跟他一起研究如何重构银华基金的投研体系，在制度跟体系建设上下工夫，希望能打造业内最好的投研平台。同时，建立并完善投研人员的晋升与激励机制，"必须有清晰的职业发展路径，才能留住人才。"王立新说，大部分研究员的职业目标是基金经理，银华基金就定下规则，研究员如果连续三年表现出色，可以晋升为研究组长，组长表现优秀可以当基金经理助理，如果仍然出色，就有机会当基金经理，考核体系也转而重视中长期业绩。

经过 2008 年一年的投研队伍建设，银华基金形成了较为完善的投研体系，也陆续提拔了一些优秀的投资人员，陆文俊很快升任投资总监，后又升任主管投资的副总经理，银华富裕主题的基金经理王华自公司成立以来就进入银华基金，是投研团队骨干，投资风格稳健，升任投资总监。经过近两年的培养和调整，银华投研团队结构清晰、实力更为强大。作为一个有些"恋旧"的人，王立新一直对那些离开银华的老员工非常怀念，李学文、石松鹰、蒋伯龙三人在银华基金任职基金经理期间都曾是"金牛基金"经理，"如果他们都在，我们将是一个多么团结强大的团队"，王立新曾经感叹。但他也表示，对一个公司来说，有时候走人可能是好事，老人走了，新人才能有空间。

2008 年的逆势扩张，为银华基金打下了良好的基础，2009 年是丰收的一年。在 2008 年 11 月"4 万亿"投资刺激政策出台后，王立新果断作出了加仓的决定。"当时，我们内部分歧也很大，加仓需要冒很大的风险。"但王立新没有犹豫，到 2008 年底，银华旗下股票方向基金的平均仓位超过 80%，当时属于较高的水平。

这一决策，对 2009 年银华基金获得良好业绩无疑有着重要的影响。2009 年银华基金旗下股票方向基金平均业绩在 59 家公司中排名第三，远超同类公司业绩；在标准股票型基金中，银华优选、银华价值领先、银华富裕三只基金进入前 10 名，银华优选基金更是在年底与王亚伟的华夏大盘展开了一场激烈的排名大战。银华旗下的权益类和固定收益类产品投资业绩全面开花，除股票型产品外，姜永康管理的银华增强收益债券基金获得当年二级债基排名第一。

2009 年，借着公司业绩全面飙升的契机，王立新决定顺势进行品牌推广，银华基金的品牌知名度、美誉度大大提升。

弱市图存　从长计议
带团队稳中求胜

2009 年，银华基金出色的业绩一方面来自 2008 年对大趋势的准确把握，另一方面源于对汽车股行业性机会的把握。

然而，股市风云变幻莫测，成也萧何，败也萧何。

2011 年，创业板大跌，银华基金的权益类基金在整体配置上向中小股票倾斜，基金业绩出现了较大幅度的波动。同时，银华旗下一些股票基金也由于规模较大，策略调整的时间和成本都很高。这一年，银华基金旗下股票方向基金出现了整体业绩下滑。

王立新开始认真反思，重新理解公募基金投资的本质和规律。"基金不是赌博的工具，而是通过组合投资分散风险，获取超越市场的收益，应该是相对均衡的配置，以获取相对长期、稳定可持续的回报。"王立新提出，"投资不只是看结果也要看过程，过大的波动就是基金的风险，业绩固然重要，但要看你是在承担多大风险基础上获得的回报，平稳、可持续的业绩更很重要。"

从 2011 年下半年开始，银华基金投研体系进行重大改革：第一，建立了研究部的组长负责制，研究部分为五个大组：投资品、消费品、机械、宏观策略、金融地产，以加强研究的组织管理和小组内部的充分交流，比一个强势的研究总监什么行业都管，起的作用大得多；第二，成立了基金组长负责制，公募基金经理成立了三个组，也是由组长负责。王立新告诉记者，建立基金组的目的，一是形成资深基金经理、优秀基金经理带新基金经理的机制，由组长带年轻的基金经理，组内的策略经过充分的讨论形成意见，同时给组长一定的考核权限，降低新基金经理犯错误的可能性；二是加强基金经理组内部的沟通和交流，创造和谐宽松的工作氛围，组长要负责跟踪全组的组合，有利于人才梯队的培养。

同时，公司投委会收回了一部分权力，建立了相对集中的投资管理体系，由研究部与基金经理充分讨论形成一个投资组合建议，经投委会通过后生效。这是一个相对均衡的配置，也是全公司股票方向基金的基础配置，每只基金资产不低于30%的仓位须按照这一组合进行配置。通过这种方式，可以防止基金经理因个人原因导致的判断失误，充分发挥整个投研体系在投资中的作用。王立新表示，这种模式大大增强了投研团队的沟通交流，提升了研究对投资的支持作用。基础配置每季度更新一次，会上的讨论有时非常激烈，这种交流促进了投研互动。这种相对集中的投资管理模式逐渐体现出非常好的效果。"这种模式运行了一年多，2012 年下半年公司业绩开始明显回升，2013 年，整体业绩又有了明显提高。"王立新说。

与此同时，王立新主导了基金经理考核指标的改革工作，不强调短期业绩排名，更关注长期持续稳健表现。如果每个基金经理每年都在前二分之一或三分之一，连续三年，就是非常优秀的基金经理，"我们在考核体系上，更加注重长期业绩的考核、团队的业绩考核，小组的整体业绩，在对基金经理的考核中占有一定权重，小组内必须具有团队精神，必须充分交流。"这是王立新自己反复思考琢磨出来的，"对投资者来说，最重要的是业绩稳定可持续，而不是上下波动。"

王立新表示，获得超额收益是积极管理的股票基金追求的目标，但这需要长期的努力和积累，需要人才的不断沉淀，非常不易。"执行严谨的投资决策流程，形成自己的投资风格和投资文化，需要相当长的时间去积累沉淀，但我们必须在一开始就树立正确的理念，才能够越走越好。"王立新希望通过建立科学合理的投研体系，慢慢把基金的风格稳定下来，"不同基金的风格会有差异，但每只基金自身的风格需要稳定，这样对投资者才有利。"他说。

对于明星基金经理，王立新表示，就像一个出色的球队，有明星当然更好，"但是我们更愿意去做大概率事件：队伍、流程、方法，最终慢慢形成理念和文化，沉淀成一个相对稳定的公司。"

主推分级 瞄准量化
靠创新突出重围

2007 年的大牛市推动了基金行业规模的迅速扩张，但这种超常规发展也留下了严重的后遗症：很多投资者在 A 股 5 000 点左右的高位建仓基金，随之而来的五年多的熊市导致了较大的亏损，基金业遭遇信任危机，发展停滞不前。

王立新为破解发展困境找到了一大利器——创新。产品设计和市场营销出身的王立新，对产品创新非常敏感。

2009 年，在"4 万亿"刺激政策下，股市走出了一波超级反弹行情，沪深指数一路狂飙，很多主动型股票基金经理加仓不及时或加仓力度不够，错失了机会，而一直处于边缘的指数基金凭借高仓位优势，业绩大幅超越主动型股票基金，受到追捧。

王立新一直在关注指数基金，他深知，在中国经济转型的大背景下，中国股市很难出现系统性机会，指数基金未来不会有太好的表现，他开始琢磨将指数基金与分级基金相结合。

早在 2007 年，国投瑞银推出了瑞福进取分级基金，不过，瑞福进取有较强的主动投资色彩。分级基金是为市场提供投资工具，如果做成纯被动的，就更加透明，更加明确，可以强化分级基金的工具特点。王立新与公司产品总监郑旭等产品设计人员反复讨论之后，推出了全市场第一只纯被动管理的指数分级基金——银华深 100 指数分级基金。

2010 年 5 月，银华深 100 分级指数基金成立，首次募集超过 20 亿元，到 2012 年，规模增长到 180 多亿元。银华深 100 分级基金的成功，开启了银华在分级基金上的规划，2011 年 3 月，银华中证等权重 90 指数分级证券投资基金成立；2011 年 9 月，银华消费主题分级股票型证券投资基金成立；2011 年 12 月银华中证内地资源主题指数分级证券投资基金成立。银华基金全力出击分级基金，并在 2013 年先后推出了银华永兴纯债分级和银华中证转债指数增强分级基金，公司旗下分级基金一度占市场所有分级基金的半壁江山，4 只股票型分级基金规模超过 250 亿元，成为市场认可的"分级专家"。

分级基金的成功源于王立新对量化投资的提前布局。2008 年下半年，曾在巴克莱资本、巴克莱亚太集团等金融机构从事数量化投资工作的周毅加盟银华基金，并随后组建了 20 个人的量化投资团队，在做好分级产品的公募基金管理工作同时，银华量化投资团队着力于对冲套利等量化投资模型的研究与开发。积累了市场中性、套利等五六种策略，取得了比较好的成绩。应用此类策略的近十只专户产品，在 2011~2012 年市场单边下跌时都取得了正收益，有两只产品 2012 年获得了 20% 的年化收益率。银华基金在量化对冲策略和人员储备方面作好了准备，"将来随着更多工具的出现，量化产品将有比较大的发展空间，可能成为创新产品的突破口。"王立新说。

在王立新的领导下，银华基金保持了较好的业绩，规模也较稳定。2012 年 1 月，西南证券以 11.8 亿元的价格买入山西海鑫持有的银华基金 20% 的股权，经历了股市四年多的下跌，银华基金的股权价值不但没有下降，还有所上升。在相关股权变更手续完成后，西南证券持有银华基金 49% 的股权，成为其第一大股东。

与基金业大多数股权频繁变动的基金公司比起来，银华基金的股权相对稳定，治理结构也相对均衡。这为银华基金的平稳发展提供了重要的基础。

规划未来
造平台式资管公司

2012 年，监管层在"加强监管、放松管制"的思想指导下，出台了一系列政策，放宽了基金的投资范围，特别是基金公司子公司，业务范围全面放开，大大拓宽了基金业的生存空间。

2013 年 6 月，新基金法实施，基金进入门槛大大降低，券商资管、保险、阳光私募都可发公募产品，基金公司面临各路机构的挑战。

全牌照竞争的局面对基金业来说，是机遇与挑战并存，不过，王立新对基金业的未来就相当乐观。在他看来，过去基金产品过于单一，以股票基金、债券基金为主，而中国的股票市场波动很大，只能作为老百姓资产配置中的一小部分，基金只能满足非常一小部分理财需求。现在，基金的投资范围放开了，特别是基金公司子公司业务范围没有太大限制，除了存款之外，各类理财产品都可以做，能满足老百姓多种多样的需求。

"在利率市场化的过程中，储蓄资金脱离银行体系已成为一个趋势，中国有上百万亿元的金融资产，四十多万亿元的银行储蓄，20 多万亿元的理财产品，基金还不到 4 万亿元，未来发展空间非常大。"王立新对大财富管理时代充满了信心。

王立新表示，在资金脱银的过程中，货币基金的发展速度可能会超出想象，天弘基金的余额宝事件，给了其他公司压力，但也给了大家信心。"随着货币基金功能的丰富，能够满足流动性以及支付的要求，将是吸引银行存款最有力的工具。另外，互联网金融也可能颠覆传统的基金销售模式。"在王立新看来，未来十年，基金行业面临的机遇会更多一些。

面对各路机构的进入，王立新不惧挑战，他表示，在市场发展多年的大中型基金公司依然有相当大的优势，因为已经形成了专业的投研队伍和较稳定的投资文化，积累了一定的投资管理经验，"最能发展成资产管理的基因，基金公司也都具备。基金公司的专业形象，投资者也普遍认可。"他说。

对银华基金，王立新的规划是，成为全产品线、多功能的综合理财服务商，提供丰富多样的创新产品，能够满足投资者的各类需求，得到更多投资者认可。"银华基金要坚持以客户为中心，做满足客户多种理财需求的平台式资产管理公司。"

愿做教练
以思想提升团队

对于自己在公司的角色，王立新笑谈，在业务上，可能更像一个教练，因为自己有多年拓展业务和管理的经验；在投研上，则更多是从思想层面去影响投研团队。他曾给投研团队写过一封信，和大家讨论了两个问题：一是怎样认识中国股市的规律；二基金经理最重要的工作是什么，基金经理应该具备哪些品质，怎样把投资工作和过一个有意义的人生结合起来。

王立新提倡职业精神，经常组织读书活动，重要的书籍，他会买了发给员工，同时做一些读书心得的交流。研究员、基金经理都要定期写投资研究方面的心得，然后开会交流，以互相取长补短。《比较》杂志他每期都认真阅读。"有时候给他们推荐点书看，我也是每年看几本书，比如《投资中最重要的事》、《思考，快与慢》、《机构投资者的创新之路》、《Big money》等。"他说。

王立新特别推崇耶鲁大学基金会首席投资官史文森所著《机构投资者的创新之路》一书，这本书是史文森对自己20多年投资经历的总结和梳理，在管理耶鲁大学捐赠基金的26年里，史文森创造了16%的年均收益率，也创立了"耶鲁模式"。

王立新用"守正、用奇"简单概括该书。"守正"是指作为投资者必须具备的道德准则，包括职业操守和对投资理念的坚持。"用奇"是指创新，史文森创造性地先于绝大多数机构投资者进入另类资产市场，1973年耶鲁捐赠基金开始投资杠杆收购业务；1976年开始投资风险投资基金；20世纪80年代创立绝对收益资产类别。该书对王立新产生了巨大的影响，他深知要经营持久，就要走大道、正道，他在公司特别讲求规范经营，并提出了四不原则：不违规、不投机、不侥幸、不打擦边球。

王立新骄傲地告诉记者，银华基金一直以来都非常规范，"金融企业是一个'剩'者为王的行业，要做常胜将军，必须诚信、规范、稳健。"银华基金非常重视风险控制和合规运作，督察长凌宇翔是早期银华基金的创业者，经验丰富，非常严谨，王立新对他很尊重，很多事都会首先跟他讨论是不是合规，有没有潜在的风险。银华基金每个部门都有一个兼职的风险控制员，也会经常进行风控方面的培训，给员工灌输风险意识。

这种风险意识也来自王立新的工作经历，他在银行、信托、证券、基金都有过从业经历，也幸运地赶上了这几个行业的快速发展期。特别是在20世纪90年代初期工作过的两个机构——中农信和南方证券，在20世纪90年代的金融行业大发展中都曾是风头甚健的明星机构，但后来都陨落了。"金融机构在一些特定的时期，可能发展很快，但倒下去更快，所以，发展的速度不是第一位的，发展的质量更重要。"王立新表示。

在规范经营、控制风险的基础上，王立新非常重视产品创新，特别是近年来新工具新策略不断出现，产品创新的空间非常广阔。"基金业正在进入一个全新的时代，我们必须拓宽产品线，不断创新，适应日益复杂多变的市场环境，尽可能满足投资者的需求。"他说。

王立新从业经历丰富，除了保险，他在几乎所有的金融行业都有履历，而且，他在每个行当都是从基层做起。这使他天然有一颗平常心，对曾经的挫折或者荣耀，他很容易释然。他也非常平和，从不高谈阔论，是一位颇有"平民意识"的总经理。

虽然做基金公司的总经理要面临很大压力，有时候一天可能要见十几拨人，但王立新是痛并快乐着。他希望未来银华基金能够在中国基金业占据一席之地，最终成为一个受大家尊敬的公司。王立新希望能够给持有人理好财，能够得到持有人的信任和尊敬，是他最大的心愿。

林传辉

广发基金，一言以蔽之，曰稳健。

小胜靠智，大胜靠德。13 年来，广发基金这道功夫茶已清香四溢。

从"福建客家首府"长汀走出来的林传辉，自广发基金创立起即执掌帅印，此前曾执教于中央党校，其人辩才无碍，却每每惜字如金。

林传辉：择高处立　向宽处行

2013 年夏，在五道口金融学院。

广发基金总经理林传辉作为特邀嘉宾在给学生们讲课。说到优秀公司的特质时，他引用了美国先锋基金创始人博格的一句话："公司要在公平竞争的环境下成为行业领袖，先决条件是品格为先。"对公司来说，"与资产规模、市场占有率、盈利能力这些衡量企业成功与否的传统指标相比，品格更为重要"。

他进一步佐证说："美洲基金的创始人乔纳森·贝尔·洛夫莱斯提出了投资的三个原则，最后一条强调的也是品格。"

在证券市场浸润了二十年的林传辉，依然保留着理想主义精神，"因为，无论你承认与否，企业命运、个人命运始终与国家命运紧紧联系在一起"。

师友引荐
而立之年奔广发

林传辉 1964 年出生在福建长汀的一个工人家庭，虽然物质并不丰富，但是一家人却很和睦，父慈子孝，兄妹感情也很好。

1985 年，林传辉毕业于吉林大学经济系，分配到中央党校。那时正值中国改革开放的第一次浪潮，制度变革释放出巨大的生产力，人们的思想也非常活跃，对未来充满了憧憬。1992 年，小平南巡，再次激活了中国经济。1993 年，党校同事马庆泉下海加盟正处于创业期的广发证券，马庆泉和林传辉亦师亦友，常在一起交流。1993 年 12 月，广发证券正式成立，经马庆泉引荐，林传辉于 1995 年离开党校加入广发证券。

"都是马博士'忽悠'的。"说起自己的下海经历，林传辉开玩笑地说。

能够来到广发证券，林传辉觉得很幸运，"我从机关来到企业，从党校到商海，以为面对的会是一群商人，没想到，广发证券聚集了一批读书人，广发证券创始人陈云贤博士倡导'知识图强、求实奉献'的公司文化，在广发证券公司员工的思想上植入了读书人'实业报国'的理想。"

从 1995 年开始，林传辉在广发证券投行部工作了 8 个年头。在广发证券，林传辉成长为专业的投行人士，更重要的是，这一段经历对他的思想产生了深远的影响。在广发基金五周年庆纪念册序言中，林传辉如此写道："实业报国是我们凝聚于此最本色的缘由。过去，读书人报效国家，似乎唯有民族危急关头奋勇杀敌、和平年代学而优则仕两条途径，新时期却赋予了我们更为广阔的报效国家的天地。"

时隔多年，林传辉仍难忘早期在广发证券时熏陶的实业报国的理想。广发基金 10 周年庆，公司大合唱《未来荣光》，就是陈云贤写的歌词。

1993 年创立的广发证券是最老的一批券商。彼时，广发证券的投行业务已经做得相当出色，在业界颇有地位。由于工作出色，林传辉很快就出任北京投行部总经理，两年后被调到投资银行总部副总经理兼上海业务总部总经理。华东业务做得风生水起，两年后，林传辉被调到总部任投行部常务副总经理。就这样，林传辉转了一圈，来到了广州。

在这一时期，林传辉做过一次投行界的创新，在证券市场引起了巨大的反响。至今，很多业内人士还记忆犹新。2000 年 7 月，闽东电力以 88 倍的超高市盈率发行，成为证券市场的一大新闻。广发证券是闽东电力的主承销商，林传辉任该项目组组长，2000 年 6 月，林传辉带着有关闽东电力一个亿公众股的发行及定价方案草案，飞抵北京金融街，向有关主管部门报备。主管部门的领导提出：发行市场的市场化改革是整个证券市场健康发展的客观要求，希望能够改变一下发行方式。林传辉在与同事反复讨论后，决定采用荷兰式招标，完全由市场来确定闽东电力的发行价。这是中国证券发行史上第一次采用荷兰式招标。当时，股市正在牛市，这一创新受到了机构投资者的热烈追捧，21 家机构申购价格高于 11.5 元，最终发行价确定为 11.5 元，闽东电力发行当年全面摊薄市盈率达 88.69 倍，创当时中国证券市场新股发行市盈率之最。

"创新总是引发追捧，当时市场火暴，但我们觉得能发 6 块钱就不错了，没想到发出了 88 倍市盈率这样的数字。"林传辉说。

在广发证券投行部，林传辉干得得心应手。他做事的原则是先把事情做好，不挑剔做什么工作，让工作来挑人，所以从未主动要求调整岗位。没想到，工作真的挑上了他，变化很快就将来临。

执帅基金
逆向布局权益投资

2002 年 10 月，证监会批准广发基金的筹备申请，由时任广发证券副总裁董正青带领一个工作小组负责前期的筹备工作。2002 年底，林传辉正在外地出差，接到时任广发证券董事长陈云贤的电话，让他参加广发基金的筹备工作。听到这个消息，林传辉比较意外，当时他在投行部正做得风生水起，他也觉得自己真的很喜欢投行这份工作，"我真没想到会叫我来，我对基金也真不太熟悉。"

第二天一早，林传辉匆匆飞回广发证券总部，希望能劝请陈云贤收回成命，另觅贤人，"但陈博士说，已经下文了"。

林传辉笑着说，"陈博士可能就是看中我老实听话吧。"这当然是林传辉自谦的说法。林传辉在投行业务上表现出的工作能力和良好的工作作风、温和稳重的个性，也许是被领导委以重任的主要原因。当时，基金业已经发展到第5个年头，前面有华夏南方等老十家公司，还有2001年成立于同城的易方达，而广发基金从零开始，要找到自己的位置并不容易，必须要有一个能带好队伍、具有开拓能力的领导者。

虽然一开始比较意外，但林传辉还是服从了公司的安排，而且，从走进广发基金大门的那一刻开始，他就开始全身心投入新的工作。

他带领广发基金32位最早的创业者，开始了紧张的筹备工作。广发基金创业初期在五羊新城办公，"我们当时经常通宵加班，虽然待遇不高，但大家都很开心，很有干劲。"一广发基金老员工告诉记者，"当时对未来没有太多预期，但真是做得很开心。"

2003年8月5日，广发基金拿到批文正式成立。在公司成立大会上，公司领导用八个字概括了公司文化：简单、务实、透明、高效。"简单就是公司跟股东的关系简单，同事之间关系简单，跟持有人的关系简单；务实就是一心一意谋发展、做业务。"林传辉解释道。

企业文化都是公司领导带头塑造的。林传辉处事低调。在早期，有一次公司组织活动，林传辉上车后默默坐到前面一排，旁边新来的研究员探问他：你是综合部的？林传辉笑了笑，研究员同情地说：你们综合部很辛苦啊。林传辉认真地点了点头。后来，这个故事在广发基金广为流传。

有了解他的朋友说，林传辉平时很温和，但在大是大非的问题上，却敢于决断。

2003年12月，广发基金旗下第一只基金广发聚富发行，由易阳方出任基金经理。当时，广发基金刚刚起步，跟银行渠道还不熟悉，直销是营销工作的重点，而直销的主要对象是机构客户。林传辉就带头出去跑，并发挥在投行工作积累的经验优势，为广发聚富带来了不少客户。

有市场部员工告诉记者，水瓶座的林传辉很细致，与很多客户结成了很好的朋友关系。在直销方面，他也培养出来不少骨干，当时市场部的开昌平因为直销工作做得出色，后来升任机构理财部总经理，目前已是广发基金子公司瑞元资本的总经理。

在广发聚富成立后，从 2003 年开始由"五朵金花"带动的一轮股市上涨行情已近尾声。2004 年初，有关经济过热的讨论越来越激烈，2004 年 3 月，国家发改委宣布，对钢铁、电解铝和水泥行业进行立项控制，新一轮的国家宏观调控正式启动，股市应声而落，开始了漫漫熊途。

在这样不利的市场环境中，如何在高手林立的基金业找到自己的定位？广发基金应该制定怎样的发展战略、确定怎样的发展方向？林传辉面临考验。

当时，基金产品创新如火如荼，2002 年，南方基金推出了第一只债券基金——南方宝元债券基金，2003 年推出第一只保本基金——南方避险基金，在业内声名远扬；2003 年 12 月，华安基金推出了第一只货币基金，货币基金迎来第一波发行潮。

如果要快速做大规模，发行货币基金在当时无疑是一条捷径。是否要跟随市场，转向发展低风险基金？

林传辉在慎重思考之下，给出了否定的答案。性格温和的林传辉，这一次却决定要"特立独行"。他认为公司当时在固定收益领域既不熟悉也缺乏人才，便坚持布局权益类产品。用林传辉的话讲，这是结合广发自身人才结构不得不作出的战略选择。林传辉显示出广发人的务实作风，"不求先做，但要做好"，也就是在每个发展阶段做好能力范围之内的事，是广发寻求发展之道。要在能够驾驭的能力范围之内寻求机遇，才能做得更好。"我可能创新精神不够吧。"林传辉自谦道。

林传辉客观分析了广发基金的特点，公司核心骨干均来自广发证券，虽然是基金业的新手，却是证券行业的老兵，比如现任广发基金副总经理的易阳方来自广发证券自营部，现任广发基金投资管理部总经理陈仕德则是原"广发一号"老基金的基金经理，在当时都已有多年的从业经验，对股票投资都非常有心得。2004年，朱平从易方达转战广发基金并出任投资总监，也加强了广发基金的投资力量。

由于自己是投行出身，林传辉对上市公司、对股票投资的看法有自己独特的视角，朱平、易阳方既有过投行工作经验，又有过股票投资经验，广发基金在股票投资方面的人才结构优势比较明显。经过深入的考虑和分析，林传辉确定了广发基金早期的发展战略——以股票投资为主线，并提出三年内要在细分领域上树立专业的能力与品牌。

在广发基金2004年的公司年终大会上，林传辉提出，要一年做好一件事，并定下了简单清晰的工作目标：第一年的目标是做好投资，以研究带动投资；第二年的目标是做好销售，以投资带动销售。

林传辉一贯的作风是，把自己应做的事情做好，让市场来选择。对于广发基金来说，就是把业绩做好，让投资者来挑选。一旦选择了就要脚踏实地力争做好，广发基金的所有力量都开始向投研倾斜，加强投研队伍梯队建设和重视基金经理的快速培养。

广发基金对人才的培育采取量和质结合的方法。首先积极聘用研究人员，把研究部作为人才库，然后有意识地从中选拔基金经理苗子重点培育，为此，会让其轮换负责多个行业研究，甚至送到其他部门轮岗学习。

在投资上，广发基金则注重内部研究报告，"我们第一注重内部研究，第二注重投研人员内部培养，第三注重实地调研。"广发基金一研究员表示，公司从一开始，在投资方面就是高标准、严要求。

证券业相对浮躁，基金公司的投研人员面临的诱惑很大，林传辉经常和他们思想沟通，希望他们能够树立良好的职业操守。林传辉要求核心投研人员能够在品行上、责任心上更有担当，有集体精神和团队意识，为团队带来正面的影响，将成功的经验薪火相传。

为了培养员工正确的价值观和人生观，广发基金多次请中央党校的教授到公司来讲解党史、讲解国家的方针政策。林传辉希望一些年轻的员工能够意识到这个平台是国家创造的，个人的命运、企业的命运是和国家紧密相连，要懂得关心国家、回报社会，"我希望大家有一颗感恩的心，不是我们比别人聪明，而是我们生在了一个好的时代，这一切不是天生的，而是时代给的，一定要关心国家，回报社会。"在公司大会上，林传辉总是会如此教诲员工。

企业的价值观也是员工思想教育的一面旗帜，广发基金延续着广发系统热心公益的传统。林传辉倡导员工积极参与公益事业。汶川地震，广发基金组织全体员工捐款，当时有一位基金经理因为出差没捐款，林传辉后来提醒他注意。在他看来，捐多少钱不重要，但最重要的是体现了一个人的修养和公德心。

业绩一鸣惊人
品牌渐入人心

从 2004 年到 2005 年，A 股市场跌跌不休，广发基金仍一如既往，坚持逆势发行偏股基金，在广发聚富之后，2004 年 7 月，广发稳健成立；2005 年 2 月，广发小盘成立；2005 年 12 月，广发聚丰成立，到 2005 年底，广发基金已经有四只股票方向的基金。

2005 年 5 月，广发基金发行了广发货币基金，"当时发行货币基金，完全是出于基金池建设的需要，为了给投资者一个规避股票市场系统风险的产品池，当时还没有想到它能发展成为一个主流的投资品种。"林传辉说。

基金业十五年的实践证明，基金公司在选择产品发行时机时，如果不完全被短期市场牵着鼻子走，敢于发行一些短期与市场不合拍、发行较为困难的产品，长期看对投资者反而有利，最终，对公司的发展也有利。广发基金早期的成功，也证明了这一点。

完全专注于股票基金的业务布局，使广发基金在早期就表现出了优秀的股票投资管理能力。2004 年，广发基金首只基金——广发聚富以7.55% 的正收益在同类基金中排名第一，成为金牛基金。2005 年初，工行召集合作的基金公司开会，非常难得的是在这些公司中，广发基金没有赔钱还赚取了正收益，公司的成绩得到合作伙伴的肯定，林传辉感到很欣慰。

同样，员工的成绩如果得到公司的肯定也觉得非常荣幸。林传辉主张重点表彰那些对公司有突出贡献的员工，当年朱平和明星基金经理何震、易阳方、陈仕德、朱纪刚、谢军等都获过突出贡献奖。"能获得突出贡献奖是很光荣的事，每年年会的时候，能拿到那个奖状，感觉很幸福。"广发基金一员工说。

2005 年，由于股市不断走低，中短债基金成为意外跑出的一匹黑马，发行情况非常不错，动辄几十亿元，甚至上百亿元。

当时，主管营销的副总经理肖雯提出发行中短债基金的计划。林传辉却认为彼时广发基金对固收领域不太熟悉也缺乏人才，为此与肖雯意见相左。不过，工作上的意见分歧，不会影响林传辉对同事的认知。"林总有很强的包容性，广发基金的工作氛围也很开明，与总经理有不同意见，可以敞开争论，也可以直接表达。"肖雯说。

"广发基金倡导积极参与的决策文化，鼓励同事提出与主要负责人不同的意见，但一旦作出决策就要执行下去。"林传辉说。事实上，林传辉对肖雯的专业和能力很认可，对市场部的工作非常支持，"早期公司车少，有时接待客户需要用车，不用跟林总打招呼，直接把他的车开走就可以。"一市场部员工说。

林传辉表示，在公司业务发展面前、在客户面前，个人的利益可以往后退。

广发基金的营销在业内很有口碑，在银行渠道方面，广发基金销售团队率先开展了从省行下沉到地县网点的销售模式，也率先开展了对网点客户经理的培训，2005年更率先大力推出基金定投。

"这都是肖雯的功劳，我支持她。在广发基金没有'错误'的权威，谁对我们就支持谁。"林传辉说。

2005年，在股市低迷，股票型基金大面积亏损的背景下，货币基金成为基金公司争夺客户的主战场，然而，因货币基金本性同质，产品的收益率就成为了各家公司比拼规模增长的关键。在高收益的诱惑下，资金不断涌入。2006年第一季度末货币基金总规模达到2 278亿元，独撑当时基金总资产的半边天。

林传辉却不为所动，在他看来，广发基金既然确定了专注于权益类投资的战略，就不应该随意更改。广发基金继续发行偏股基金，2005年广发小盘和广发聚丰分别成立，2006年广发策略优选混合型基金成立。

2006年上半年，债券市场走弱，而A股市场持续走强，货币基金出现"赎回潮"，平均净赎回率高达48.31%。而广发基金一直埋头于权益类投资，没有在货币基金上拼收益做规模，规避了这次风险。"广发基金是幸运的。因为当时固定收益方面人才短缺，选择了比较稳妥的先发展权益类投资的途径，幸运地度过了此次货币基金赎回潮的冲击。"林传辉表示。广发基金一投研部人士告诉记者，当时，多家基金公司货币基金做到上百亿元规模，最大的货币基金超过四百亿元规模，广发货币基金规模最大时也才30多亿元，林传辉曾带疑虑询问货币基金经理，但基金经理说，一味追求货币基金收益的运作有风险。

"他把情况说清楚，我们觉得是对的，听从了他的意见，后来也证明他是对的。"林传辉说。

广发基金的专注得到了回报。2005年，广发基金旗下基金再度获得了优异的业绩，广发稳健以17.07%的收益在所有开放式基金中排名第一，广发聚富以13.35%的收益在同类型基金中排名第三，在所有基金中排名第五，广发基金旗下股票方向基金平均业绩在所有基金公司中排名第一。

在熊市，连续两年业绩优异，广发基金赢得了市场的关注，也赢得了渠道与持有人的认可。在公司成立两年多的时间里，广发基金快速建立了良好的品牌形象，成为基金业闪耀的新星。

林传辉表示，做少做精是根据当时广发自身的能力和特点作出的必然选择。"如果早期追求标新立异，多点出击，变来变去，可能超出自己的能力和资源条件，反而可能做不好。"在林传辉看来，"很多时候就是一种朴实的感觉，或许叫悟性或者灵感，引导你向更好的方向前进。"

林传辉能够一直坚持在公司成立初期制定的战略，董事会的支持至关重要。

2005年，广发证券前总裁、中国证券业协会副会长马庆泉，应邀出任广发基金董事长，一直到2011年退休，马、林搭档了六年多，而这正是广发基金发展的黄金期。

林传辉表示，马庆泉是中央党校的经济学教授，当过广发证券总裁，有理论有实践，工作能力非常强，但他却甘愿隐身在后，把自己定位为政委的角色，支持整个经营管理班子的工作。对此，林传辉至今仍充满感激。

不仅如此，在公司一些具体的事务上，马庆泉还向股东争取支持。因发展迅速，2008年，广发基金要置办新办公楼，需要得到股东的同意，马庆泉多次找股东协调，终于搬到保利国际大厦办公。

2011年马庆泉退休，广发证券董事长王志伟接任广发基金董事长，对公司经营层也给予了一如既往的支持，林传辉能够与历任董事长都合作愉快，令广发基金上下都很欣慰，"公司安定团结，对公司、员工都是好事。"广发基金一高管说。

在总结广发基金十年的发展之路时，林传辉认为，广发基金最大的优势就是关系简单，公司和股东、员工和公司之间关系简单，不折腾，人员也很稳定。

这也来源于林传辉对公司员工长期以来的看重和关心。"林总很重感情，对当年一起创业的老部下都很好，员工有难处，他也会尽量帮助。"广发基金一员工告诉记者，林传辉对曾经帮助过他的人，总怀感恩之心，也经常帮助同学、亲戚、朋友。

所以，广发基金有很强的凝聚力，中层以上的干部这么多年几乎没有什么变动，基金经理的流失率也很低。国际基金评级机构晨星 2013 年 1 月 29 日发布 2012 年第四季度《中国公募基金公司综合量化评估报告》。在基金经理留职率评分靠前的基金公司中，广发基金以 91.69 的评分排名第一，成为中国公募基金中最稳定的公司。

股东关系与公司管理层之间关系简单，董事长与总经理关系融洽，同事之间关系和谐，形成了一股合力，使广发基金发展道路从开始就一直顺风顺水。而公司战略路径也没走错，专注于权益类投资，这么多有利因素综合起来，在大牛市到来前，广发基金已作好了充分的准备。

大牛市大飞跃
晋级千亿俱乐部

机会总是会给有准备的人。

2006 年，中国股市开始了一轮百年难遇的大牛市。在这场牛市盛宴中，基金抓住了前所未有的历史机遇，分享了股票市场的爆炸式增长并取得跨越式发展，实现了规模"三级跳"。2005 年末，基金规模仅 4 691.16 亿元，在大牛市后，一切都不同了。

2006 年，A 股市场走强，基金业绩开始转好，整体业绩大幅超越指数，投资者逐渐被基金的赚钱效应吸引，基金开始热卖。

广发基金在股票投资方面取得了优良的投资业绩，成了大家耳熟能详的行业新秀，加上广发基金长期在银行渠道潜心耕耘，在渠道与投资者心中树立了良好的口碑。由于优良的业绩，广发稳健与广发聚富一度被基金研究机构称为"广发双雄"，有很高的美誉度。

在 2006 年上半年，牛头刚刚出现，投资者还处在半信半疑的谨慎状态。

广发基金良好的业绩表现率先点燃了广大投资者的"基情"。2006年 5 月 8 日，广发优选基金发行，仅用 1 周时间就提前结束，募集了184.18 亿元，创下基金发行的最高纪录，同时也是当时首发认购期最短的基金和首发有效认购户数最多的基金，广发基金由此进入规模前十强。之后，随着股市不断走强，公募基金发行进入了最火热的年代，一个个 IPO 纪录被不断刷新。

然而，祸福相依。就在基金业最美好时光突如其来之际，成立三年多一直顺风顺水的广发基金，遭遇了成立以来的第一次挫折——洪都航空事件。

洪都航空是 2006 年的大牛股，从年初不到 10 元，到 6 月 29 日涨到最高价 43.5 元，翻了 4 倍多之后，开始下跌，到 10 月 24 日跌至 21 元。10 月 12 日，大量抛单涌出，将洪都航空打至跌停，10 月 17 日，有媒体质疑广发基金大量抛售导致该股价格大跌，10 月 20 日，《中国证券报》发表文章认为，广发基金持有的洪都航空在 43.5 元附近已减持，最近的下跌与广发基金无关。由此，引发了一场媒体对这一事件的全面报道，一时之间，各种传言甚嚣尘上。

2006 年 11 月，广发基金写了一封《致广发基金持有人的信》，专门解释洪都航空事件：广发小盘基金只能持有 20% 的大市值公司，而洪都航空股价上涨后已经从小市值公司成长为大市值股票，广发小盘必须调整仓位结构。

证监会很快介入了调查，在调查期间，暂停了广发基金发行新基金，加上其他一些原因，直到 2007 年 5 月发行广发大盘基金，广发基金前后有一整年的时间没有发行新基金。

在这一期间，基金发行市场前所未有的火暴，2006 年 12 月 7 日，嘉实策略增长基金仅用 1 天便募集 419.17 亿份天量，将基金发行热潮推上新高度。2007 年，虽然证监会不断提示风险，投资者对基金的热情仍愈加高涨，出现了半夜起来排队买基金的奇观。

"别人的新产品募集规模达到几百亿元的时候，我们只能干瞪眼，那段时间真有点着急。"林传辉说，"不过，从长期来看，这没有改变公司的经营策略，当时看是少发了两只基金，现在回过头来看，也不失为是件好事，管理层也是出于对行业和投资者的呵护。"

这件事已过去多年，林传辉表示，无论当初错误与否，广发基金都应该不断完善各种制度，特别是风控机制，才更有利于公司长远发展。

在大牛市，偶然事件并没有阻碍广发基金人继续创造佳绩的冲劲和热情，在老百姓心目中的品牌形象与日俱增。

2006 年，广发基金旗下 5 只基金有 4 只基金（另外一只基金是广发货币）当年收益率全部超 100%，2006 年，广发基金旗下股票方向基金以平均 167.65% 的收益率，在所有基金公司中排名第 3，在同等规模基金公司中领先。

良好的业绩进一步吸引了投资者的踊跃认购，2007 年 6 月 11 日，广发大盘一日售罄，发行当天就募集超过 273 亿元，后来按比例配售，最终确认的有效认购金额约 150 亿元，有效认购户数超过 60 万户。

因为业绩优异，广发聚丰成为投资者热烈追捧的香饽饽。2007 年 9 月 6 日，广发聚丰暂停申购与基金转换业务，9 月 11 日，广发聚丰进行份额拆分，10 月 11 日，广发聚丰打开申购，结果一日募集超过 600 亿元，广发聚丰立即关闭了申购。有一则小故事可以说明当时市场的疯狂。广发聚丰停止申购以后，有银行客户经理打电话找时任广发聚丰基金经理的易阳方，她受婆婆之托要买广发聚丰，因为工作忙，也没想到发行这么火暴，当天没有买广发聚丰，没想到就关闭申购了，老太太一怒之下生病住院，她希望能想办法再申购一些。"这是违规的，我们是根据电脑系统确认的，她最终没能买上。"上述广发基金员工说。

林传辉当时在北京开会，向证监会领导汇报了基金申购的火暴情况，领导认为管理这么大规模的基金，运作有难度，能否把规模减下来？但找不到理由退钱，人家是自愿买的，怎么能退呢？后来广发基金有关人员苦翻基金合同，找出了一条规定：当基金资产规模过大，使基金管理人无法找到合适的投资品种，或可能对基金业绩产生负面影响时，可以把钱退给投资者。10 月 14 日，广发基金发布公告，由于广发聚丰资产规模过大，为切实保护基金份额持有人利益，保证基金资产的有效运作，公司决定对 2007 年 10 月 11 日本基金的有效申购申请按25% 的比例确认，最终确认的申购规模为 150 亿元。

2005～2007 年，广发基金的规模实现了三级跳，公司三年间资产管理规模也分别大增 218.47%、296.53%、285.92%（据 Wind 数据）。2005 年广发基金管理资产 90 亿元，排名第 16；2006 年广发基金以356.87 亿元的规模，在 52 家基金公司排名第 6，一举进入大型基金公司的行列，规模排名仅次于华夏、嘉实、南方、博时、易方达五大公司；2007 年，广发基金管理资产规模 1 377.23 亿元，在 57 家公司中排名第7。从 90 亿元到 1 377.23 亿元，广发基金管理资产规模两年增长超过 15倍。

然而，行情总在疯狂中结束。对广发基金，对整个基金业真正的考验，很快就将来到。

警醒与裂变
带领广发全面转型

2007 年 10 月 16 日，上证综指在冲高 6 124 点之后，开始调整，谁也没有想到，这就是牛市的终止符。

2008 年，上证综指以 5 061 点开盘，之后一路几乎毫无抵抗地下跌到 10 月 28 日的 1 664 点，全年下跌 65%。而从牛市最高点 6 124 点到最低点 1 644 点，上证综指跌幅高达 72%。

基金业 2007 年大跃进式的发展，给行业带来了巨大的负面影响，大多数基金持有人都在牛市高点买入，五年多来一直在承受市场下跌的痛苦。客户体验不好，成为基金业发展的致命伤。

"这是当时公募基金的局限性"，林传辉反思道，公募基金的制度特征决定了它很难避开系统性风险，更难以在判断市场回报前景不好时将产品清盘走人，而且，基金公司管理层每年都面临考核的压力。不过，林传辉也承认，当时缺少超前的意识，如果多发行一些固定收益类的产品，遭受的挫折会小得多。

2008 年的暴跌，让林传辉的思想发生了决定性的转变。

过去 30 多年，中国经济一直保持高速增长，有一批优势企业保持了相当高的增长速度，选出好公司、买入并持有、与企业共成长，成为基金业的主流投资方法。早期广发基金的投资风格是典型的成长股投资，不赚市场波动的钱，轻宏观和配置，只看重个股和公司，而且基本上是达到基金的股票仓位上限运作。由于广发基金的选股能力较强，这种投资方法在公司刚成立的前面几年非常有效，在 2004—2005 年，市场基本上以震荡为主，广发基金规模也较小，选到好的公司，获取超额收益是大概率事件；而在 2006~2007 年的大牛市，只要保持高仓位，就收益丰厚。

然而，广发基金激进的投资风格在 2008 年遭遇重挫。在股市毫无抵抗下跌的过程中，关于是否要减仓，公司开会讨论了多次，也提出过减仓的想法，但刚刚经过难得一遇的大牛市，多数基金经理不愿意撤退。没有及时减仓，旗下基金又主要是偏股型基金，广发基金在 2008 年摔了个跟斗，管理资产规模从 1 377.23 亿元降到 669.3 亿元，排名降到第 9。广发基金旗下股票方向基金的整体投资业绩，从 2007 年的第 4 名下降到 2008 年的第 53 名。

这对连续四年业绩排名都在最前列的广发基金来说，难以接受，林传辉遭遇了前所未有的挑战。广发基金早期专注于股票投资、全力发展权益类产品的战略，在熊市为投资作好了充足的准备，在 2006 年、2007

年的大牛市中得到了相当好的回报。但这种策略，在 2008 年得到了教训。

"当金融危机到来时，我们不够敏感，投资策略不够灵活，不够丰富，也没有及时进行调整。"林传辉反省道，长期以来，广发基金投研部将主要精力放在个股研究上，不够重视宏观和策略研究，忽视了系统性风险，投资团队总体上对债券也不太熟悉，缺乏配置能力。

林传辉表示，过去三十年，中国经济高增长的模式似乎已成了惯性，所以，大家一开始把危机只当成一个暂时的困难，而没有意识到，这却是中国经济转型的开始。

"这次危机，让我们重新审视了过去对经济运行规律的认识，重新审视买入并持有的投资理念，重新审视对资产管理业务的认知，这次金融危机对经济学家、金融工作者、职业投资人都产生了巨大的影响。"林传辉表示，这样的经历，对从业人员来说是一笔宝贵的财富。

在广发基金人的眼里，林传辉胸怀宽广，面对困难，愿意和同事共担当。

2008 年股市暴跌，有些投研人员入行较晚，经验较少，一工作正遇上经济高增长时期，还不知道经济下行是怎么回事。有些基金经理还坚持拿着房地产股，因为只看到房地产上市公司当季的良好业绩，而预期不到后面经济的变化，所以很迷惘，没有方向感，明明是好公司为什么会天天跌？

在最艰难的时候，林传辉反复跟投研人员沟通，给他们打气：你们很幸运，两年就经历了百年难遇的暴涨和暴跌，我们在证券市场干了十几年才见到这么惊人的场面。你们人生的路还长，换一种视角来看，作为职业投资人，这种经历以后可以提高警惕，经验更加丰富，投资更加稳健，是值得庆幸的事。

"2008 年的市场洗礼，对广发基金和我本人，都是一种裂变，是一种警醒，让我们对资产管理行业有了更深的认识。"林传辉表示。

多元布局　再造流程
打造综合资管公司

在 2008 年由次贷危机引发的全球金融危机爆发后，持续近 10 年的全球经济黄金发展期戛然而止，伴随欧美外需的走弱，中国生产、欧美消费的经济发展模式难以为继。中国经济维持 30 年的高增长，已难以持续，转型已迫在眉睫。

林传辉敏锐地感觉到，经济形势在改变，资本市场也在发生变化，人们的投资心态也在变化，过去广发基金一心一意发展权益类投资的策略，已不能适应新的形势。

2008 年中，林传辉给公司负责规划发展的同事布置了新课题——研究 20 世纪 70 年代到 80 年代初美国基金业的发展状况。当时的美国经济与中国经济有相似之处，都在经历经济增长方式的转型。他们的研究结论是，在这一时期，美国基金业固定收益产品发展较快，特别是货币基金，更是飞速发展。

这一结论与林传辉正在思考的方向不谋而合。较早前他已经开始关注固定收益产品，2008 年 3 月，广发强债基金成立，这是广发基金产品转型的开端。

林传辉开始多点出击，广发基金开始注重产品结构的平衡——主动和被动的平衡、权益和固收的平衡。2008 年 12 月，广发沪深 300 指数基金成立。

在公司发展规划上，林传辉也开始注重各项业务的均衡，开始向多元化综合型基金管理公司转变：2007 年，广发基金成立了国际业务部；2010 年，成立数量投资部；2013 年，成立量化投资部。

现在回头来看，林传辉觉得自己早期一心只想做好投资的思路需要与时俱进。因为，那时候没有意识到，除了投资业绩，把产品或工具设计好也可以得到投资者和市场的认可，做产品提供商也有很好的发展前景。公司对此始终有些遗憾。

"有些人能够看得更远，比如华夏范总、博时肖总、南方高总，会事先布局一些东西，我对行业的认知，却是阶段性的。"林传辉再次表现出他的谦逊精神。

事实上，基金业的发展就是从简单到复杂、从浅白到深入，一步一步走过来的，过去基金公司排名比规模，只比公募产品，不算专户，甚至 QDII 都要剔除。"回想起来真是有点幼稚"，林传辉说。

林传辉坦率地告诉记者，2005 年，广发基金曾经考虑过发行指数基金，但一看市场上只有五六只指数基金，规模多数不大，而且收益率不高，就放弃了发行指数基金的计划。因此，林传辉对天同基金最早的总经理马志刚的超前眼光很是佩服，"马志刚是基金业内少数的先知先觉者，天同基金一成立就开始发指数基金，他的目标是要做专业的指数基金公司，但这个战略未能坚持到最后，很可惜！"林传辉感叹地说，"如果坚持按照这种思路做下去，也许中国会出现像先锋那样的指数基金公司。"

与新的公司战略相配套，广发基金开始着手对投研体系的改造，2008 年 6 月在公司内部会议上，林传辉明确提出要改革投研体系，10 月初，广发基金投研体系的新框架初步确定，实行大研究体系，研究部负责权益类的研究、固定收益部负责固定收益研究、国际业务部负责国际市场的研究，同时成立了五个研究小组，以资深研究员为组长，基金经理参加相应的研究小组，比如广策略优选的基金经理冯永欢是消费行业研究员出身，就参加消费小组，作策略指导。

另外，成立策略研究小组，作为投委会下的非常设机构，通过定期报告的方式，为投委会决策提供研究支持。

在基本的框架确定之后，广发基金开始加强对投研人员的培训，请专家给投研人员培训宏观经济、固定收益投资、财务等方面的知识，对现有的投资研究人员进行知识更新，加强宏观研究，强化基金经理多元化的投资能力，即除了精选个股的能力，还要加强大类资产的配置能力。

不过，要改变基金经理固有的投资方法和思维定式并不容易。"经过多场培训，有一定效果，但成效不是立竿见影的，时不我待，还需要引进新人满足急需发展的业务需求。"林传辉表示，在对现有投研人员加强培训的同时，公司也尽可能引进有配置能力的人才。

改革初见成效，2008 年，广发强债基金获得了优异的业绩，当年 3 月份成立的广发强债便以 11.5% 的收益率在同类基金中排名前列。

2008 年底，政府推出"4 万亿"刺激经济政策，宏观经济全面复苏，2009 年上半年，A 股市场快速反弹，广发基金业绩全面回升，到 2009 年底，广发基金旗下股票方向基金平均业绩排名第 10，在同类规模基金公司中排名居前。

在积极变革的同时，林传辉依然坚持广发基金注重公司基本面的投资文化。2008 年，林传辉到主管部门时跟领导道歉，"不好意思，我们的投资业绩不好。"领导说，按照你们公司一贯的投资风格，碰到 2008 年的市场情况就是这个结果，这也说明你们风格没漂移。这让林传辉深感基金权益投资坚持风格一致的重要性。

2010 年，社保基金第三轮选秀，广发基金成立了专门的工作小组，由林传辉亲自负责。2010 年 12 月，广发基金通过了社保基金理事会非常严格的考验，获得社保基金管理人资格。

"我们的风格不漂移，在投资风格上，我们让客户可预期。"林传辉说，这也许是能够获得社保基金管理人资格的原因之一。

从 2010 年开始，"4 万亿"刺激政策的后遗症开始显现，经济出现过热苗头，政府开始收紧银根，经济增速逐季放缓。中国经济进入痛苦的转型期，股市也一直处在缓慢的下跌中。

在这种大的背景下，林传辉更加坚定了产品多元化的发展策略。

2011 年，发行了广发聚祥保本基金、广发聚利债券基金。这一年，广发基金固定收益获得非常优异的业绩：广发增强、广发货币 A、广发货币 B、广发聚利在银河证券四类固定收益产品分类中均排名第一；其中，广发强债更以 6.20% 的年度收益率位列所有债券型基金第一名，也超越了全市场 900 余只基金产品，一举登上 2011 年基金业绩排行榜的冠军宝座。这给了林传辉非常大的鼓舞。

2012 年，广发基金继续加大债券产品发行力度，发行了广发聚财信用债、广发年年红、广发双债添利债券、广发纯债四只债券基金；2013 年已发行广发理财 30 天、广发聚源、广发聚鑫、广发理财 7 天、广发集利一年定期开放债券五只固定收益产品。

2005 年发行的广发货币基金也开始做大，2012 年曾达 400 多亿元的规模，一度占据 10% 的市场份额。

2012 年 2 月，林传辉挖来了有 11 年债券研究、投资经验的张芊，出任广发基金固定收益部总经理，在加盟广发基金之前，张芊管理的社保固定收益类产品连续四年业绩排名靠前。2012 年，广发基金固定收益再获佳绩，据海通证券数据，截至 2012 年 12 月 31 日，广发聚利以 13.11% 的净值增长率位列纯债基金收益前三甲，广发货币 A/B 分别以 4.25%、4.50% 的净值增长率荣登同类型基金第 11 位、第 4 位。据海通证券数据，截至 2012 年 12 月 31 日，在最近两年的固定收益类基金绝对收益排行中，广发基金名列第 7，在规模前十大基金公司排名第 3。

广发基金也开始加强被动投资领域。广发沪深 300 指数基金成立后，2009 年发行广发中证 500 指数基金，2011 年发行广发中小板 300 指数基金，2012 年发行广发深证 100 指数分级基金，2013 年发行广发中证 500ETF。

在海外业务方面，林传辉也在加紧布局。2009 年，广发基金获 QDII 资格，2010 年 8 月，第一只 QDII 产品广发亚太精选成立。广发基金海外研究团队预测认为，在金融危机之后，美国经济会率先复苏，确定 QDII 产品主要锁定投资美国市场，同时以被动投资为主，2011 年 6 月，广发标普农业指数基金成立，2012 年 8 月，纳斯达克 100 指数基金成立。伴随着美国经济的复苏，美国股市不断创新高，这两只基金都获得了相当不错的收益。2012 年，广发亚太以 18.40% 的净值增长率列同类型的第 2 名。

2011 年 9 月，广发基金香港子公司正式开业，意味着广发基金的海外业务有了更宽广的平台。不过，林传辉还是觉得自己保守了一些，"我过去总是想走得稳一点，积累的厚度再厚一点，所以，国际业务我们推进得比较慢，如果早推一点的话，也许会比现在发展得更好。"

在 2008 年之后，除了市场环境、投资者心态发生的巨大变化，市场本身的厚度增强了，创业板、中小板大大拓宽了股票市场，债券市场也在不断壮大，过去主要是利率债，后来增加了信用债、私募债等。另外，投资工具也在不断丰富，股指期货、融资融券推出后，做空成为可能，量化投资、对冲策略开始在中国市场广泛运用。2011 年，广发基金请来了曾在华尔街操盘量化对冲基金的何松楠负责广发基金的量化投资。2 年多的时间，广发量化产品已有近 20 亿元的规模，并且收益在同类产品中保持领先，最早的一只量化产品运作不到两年已经有近 25% 的净值增长率。

广发基金近年来十分注重逐步提高各个方向的投资管理能力，林传辉告诉记者，今年公司还特别派遣投研人员出国学习，学习期权投资，还有学习新兴市场、新经济的估值方法、投资方法等。

巨变时代
行百里者半九十

对于广发基金 2008 年之后的转型，林传辉的评价是，取得一点成绩，但还是走得太慢。行百里者半九十，林传辉始终保持着一分警觉。

2012 年，伴随着多项政策的出台，基金投资范围大大拓宽。2013

年6月，随着新《证券投资基金法》的实施，基金行业的进入门槛大大降低。基金行业悄然发生着巨大的变化。

"虽然有观点认为，基金行业资产管理规模好像在萎缩，但其实不然。基金行业结构已经发生了变化，变得更包容、更开放、更创新、更健康，应该说是在进步。"林传辉认为，不能只看规模，而应该看到行业的内在正发生质的转变。

"这是基金业巨变的时代"，林传辉表示，随着金融改革的深入，基金业将面对更为复杂的格局，基金公司不仅要与资本实力大得多的银行、保险、信托同场共舞，更要面对国际著名资产管理公司的竞争；走出国门，进入国际市场也已是箭在弦上；新的投资工具、新的投资策略、新的投资机构，将在市场上各显神通；利率市场化、大财富管理时代、互联网金融，冲击着每一个资产管理人士的神经，而新市场、新工具、新策略，又考验着每一位决策者的能力和智慧。林传辉坦言："现在行业被'放'（牌照放开）出一个开放的平台，这正是行业的希望所在。'放开'可以让财富管理人回归本色，真正履行为投资人的资产保值增值的职责。"

在林传辉看来，财富管理有两个核心：一是持有人利益至上，这是根本原则；二是要帮助持有人实现财富保值增值，这是核心责任。

"基金管理人要学会用更新的方法履行财富管理人的职责。"林传辉表示，投资管理能力是基金行业的核心竞争力，这个投资管理能力包括传统的股票投资管理能力，更主要还包括新工具的应用、新策略的应用、新市场的投资能力。

过去，投资市场投资工具都比较单一，只能单向做多，面对波动剧烈的市场，更多只能靠天吃饭。但随着投资工具越来越丰富，新的投资策略不断出现，基金管理人有了尽责的环境和条件，"连老太太都知道把自己账户上茅台的股票融出去赚钱，我们如果再不能为老百姓赚钱，就有点说不过去了。"林传辉笑着说。

资产管理业务全面开放，也为资产管理公司发展路径提供了多元化选择。创新成了基金业使用频率最高的词汇之一，短期理财产品、跨市场 ETF、余额宝等纷至沓来，令人目不暇接。

在林传辉看来，基金业正呈现出与过去完全不同的生态，未来，基金业变革的深度和广度，将远远超出大家的想象。"市场不再是我们过去熟悉的市场，我们过去熟用的盈利模式，在新的市场中将面临严酷的考验。"

"在新的平台上，不同的专长、不同背景的公司可以各显神通，公司发展不会再现同质化。"林传辉认为，基金公司要找准自己的定位，今后的资产管理行业会看到各具特色的大型公司、中型公司、小型公司，业态将更加健康。

面对似乎突然出现的广阔天地，林传辉格外忙碌。作为公司总经理，要作决策，要调配资源，自己必须要学要懂。只有通过不断地学习，加强在新市场、新策略、新工具方面的管理能力，才能抓住制度改革将带来的行业发展红利。

林传辉很忙很辛苦，但也很兴奋，"现在的基金业真的很有意思，真希望退回去十年，再年轻一些，精力更充沛一些。"事实上，作为一个企业家，未到知天命之年的林传辉，行业经验、管理经验都比较丰富，正处于事业的巅峰时期。

在公司业务快速拓展的情况下，林传辉作为最后的把关人，负有沉甸甸的责任。2013 年 6 月，广发基金旗下子公司瑞元资本成立，对于子公司最常见的通道业务，林传辉很谨慎，在他看来，基金公司跟银行不一样，银行资金雄厚，一单出问题不会有致命伤害，但基金公司子公司注册资本少，抗风险能力低，一单也不能出错。因此，林传辉要求非常严格，条件没有达到就不予通过。

"可能我是生性胆小"，林传辉笑着说。

在广发基金十周年庆典会上，林传辉给员工鼓劲："这是一个变革的时代，也是一个充满希望的时代。面对着扑面而来的变化，我们有更多的新知识要学习，有更多复杂的问题要面对，有更高的目标要攀登。怎么办？我们唯有努力一点，更努力一点"。

在广发基金五周年年庆时，林传辉曾写过一副对联：曾记否，五载风雨同舟，喜见新荷绽蕾；共勉之，来年星夜兼程，铸就伟业擎天。

在采访中，林传辉反复强调说，做企业，视野要宽一点，志向要高一点。就如左宗棠所言："择高而立，就平处坐，向宽处行。"

持经达变，过去十年，林传辉携广发基金及员工共成长，力图将广发基金锻造成为优秀、尽责的财富管理人，相信，他将带领他的团队在基金业发展道路上走得更远走得更好。

王亚伟

　　其业绩高光亮眼，其人却低调莫测，N年来，在中国投资竞技场上，安徽才子王亚伟是"现象级球员"，散户膜拜之，媒体咀嚼之。

　　虽说江山代有才人出，但"亚伟现象"似乎难以复制。

　　惜乎盛名亦有累，高处不胜寒，如今舍公募奔私募，离旋涡趋宁静，他或许可以做回自己的"王"。

王亚伟：蓄素守中　独步华夏

6 年半赚 10 倍，华夏大盘基金经理王亚伟已成为中国基金业 15 年的一个传奇。

第一次见到王亚伟，是在 2006 年 12 月华夏基金在三亚举办的 2007 年度投资策略报告会上，作为华夏基金的投委会主席，王亚伟没有讲宏观也没有讲行业，而是展示了一张表格，上面是截至 2006 年 12 月 1 日当年涨幅在 250% 以上的 39 只股票，他分析了这些股票的特点：都不是热门股，没有一只出现在 2005 年底卖方的名单中。王亚伟对投资独特的视角，给人印象深刻。

会后，记者对王亚伟进行了一小时的采访，王亚伟温和安静，不像果断杀伐的指挥者，更像一尘不染的高才生。

"我希望自己对投资的感觉像新生婴儿对世界那么敏感。"在 2012 年 5 月 7 日离职时的媒体见面会上，王亚伟如是说。

"专气致柔，能婴儿乎？"在老子《道德经》中，婴儿是一种至高的境界。纯净的心，敏锐的觉察力，也许是成就王亚伟投资神话的最基本因素。

大学时代
缘定投资

王亚伟1971年9月出生于安徽省马鞍山市，毕业于马鞍山二中。教师家庭出身的王亚伟，天资聪颖，1989年以安徽省理科高考状元的身份考入清华大学电子系。

王亚伟对投资的热爱在大学时代就埋下了种子。王亚伟在本科期间学习电子专业，身边没有同学对财经、股市感兴趣，班上只有他一个人选修了清华经管学院的企业管理双学位。王亚伟还记得当时开了一门证券投资课，授课老师有很多投资方面的经历，讲得很生动，激发起他对股市的兴趣。

1993年，《中国证券报》创刊，一周两期，正在念大四的王亚伟经常去买了看，他甚至还到报社编辑部买了合订本。从此，王亚伟开始积累对股市的认识。1994年夏天，王亚伟带着电子与企业管理双学位证书，离开了清华大学的校园，在中信下属的中信国际合作公司工作了一年，当时这家公司刚成立不久，主要业务是机电产品成套设备进出口及国际工程承包业务，王亚伟做了一些商务方面的工作后，很快开始接触股票投资业务，做了三个月投资方面的工作，华夏证券东四营业部公开招聘，对股票有着浓厚兴趣的王亚伟，决定去试一试。

1995年10月，王亚伟来到当时最大的营业部之一——华夏证券东四营业部，正式跨进证券业大门。在这里，他遇见了时任东四营业部总经理的范勇宏，两人从此结下了17年合作的缘分，王亚伟传奇的序曲开始上演。

王亚伟最早被安排在东四营业部的研究部，主要负责为客户提供日常的投资咨询服务，同时也会作一些自营性质的投资，一年后升任研究部经理。当时的研究与现在比起来要粗浅得多，很不成熟，大多数营业部的研究主要是做做股评，基于消息推荐个股，但王亚伟却不满足于简单做做股评，他开始试图从企业基本面来挖掘投资机会。通过实地调研，王亚伟带领研究部挖掘了一些业绩较好的公司，为客户推荐了一些后来表现非常出色的股票，得到了客户的普遍认同。

"可以说，在那个时候，奠定了我日后注重从基本面出发，偏好成长股的投资风格。"王亚伟说。

范勇宏发现王亚伟对研究很感兴趣，而且很有成果，就把营业部做股票自营赚的 2 000 多万元让王亚伟负责操作，虽然行情不好，王亚伟不但没亏钱还略有小赚。这是王亚伟最早的投资，初步表现出他较强的风险防范意识。

理性操作
熊市夺冠

1998 年 2 月，范勇宏受命筹建华夏基金公司，王亚伟很快从东四营业部过来参与华夏基金的筹建。4 月 28 日，华夏基金旗下第一只封闭式基金——基金兴华成立，王亚伟任基金经理助理。从 1998 年 4 月 28 日到 2002 年 1 月 8 日王亚伟卸任，基金兴华的净值增长率是 84.86%，同期上证指数从 1 332.9 点升至 1 583.46 点，上涨了 18.79%。

王亚伟表现出熊市领先牛市落后的谨慎的投资风格，在 1999 年和 2000 年两年牛市，基金兴华分别取得在 5 只基金中排名第四、20 只基金中排名倒数第二的糟糕成绩，但在 2001 年上半年行情疯狂时，王亚伟表现得比较理性，年初大幅减持了科技股，分散投资并增加了基金的流动性，沪深股指当年分别下跌 20.62%、30.03%，兴华基金全年小幅亏损 3.84%，在 33 只封闭式基金中排名第一。

2001 年开放式基金推出，基金业进入发展的新阶段。华夏基金首只开放式基金华夏成长于 2001 年 12 月 18 日成立，王亚伟出任基金经理，2002 年，沪深两市分别下跌 17.52% 和 17.03%，华夏成长基金位列 5 只开放式基金首位。王亚伟再度表现出理性和谨慎，熊市抗跌的特征明显。

2003 年，"五朵金花"行情爆发，个股走势分化严重，因为配置了部分中小市值个股，华夏成长净值增长 13.09%，刚刚跑赢上证综指 10.27% 的涨幅。在当年基金普遍能够获得超额收益的情况下，华夏成长的业绩较为普通。

2004 年，股市走低，华夏成长基金净值增长 3.91%，在 35 只同类基金中排名第 11。

一直到 2005 年 4 月 12 日王亚伟离任，华夏成长共取得 13.2% 的收益率，同期上证指数下跌 28%，大幅跑赢了指数，虽然算不上特别出色，但也是一份相当不错的成绩单。

在早年的投资经历中，王亚伟不断积累成功的经验与失败的教训，他向记者讲述了早期投资五粮液的失败经历。1998 年中，兴华基金建仓期，正值五粮液上市。华夏基金办公室对面就是五粮液的专卖店，感觉挺有缘，王亚伟也看好名牌酒类公司，五粮液上市的第一天，他在 40 元左右买进，不到一周的时间，就涨到了 60 多元，浮盈近 2 000 万元。"当时难免有点飘飘然，觉得赚钱太容易了，以为基金投资如此简单。"王亚伟定下计划，股价涨到 70 元就开始卖出，没想到五粮液的股价最高涨到 69.8 元就开始一路回调，计划中的 70 元始终未能达到，三个月后股价跌回 40 多元时，王亚伟终于痛下决心卖出该股，结果只赚了一百多万元。

另一个失败的案例是对贵州茅台的投资。在贵州茅台的价值尚未被发掘之时，王亚伟率先看到其潜在的高成长能力，2001 年 12 月，华夏成长基金刚刚成立，适逢贵州茅台上市，王亚伟重仓买入。2002 年第一季报显示，贵州茅台以 1.93% 的仓位，成为华夏成长基金第一重仓股，第二季度，华夏成长基金成为贵州茅台的第一大流通股股东。到 2003 年第一季度，贵州茅台一直位列华夏成长基金前十大重仓股，到 2003 年中报，贵州茅台被卖出。

在王亚伟抛出后，2003 年 9 月 23 日贵州茅台达到最低价 25.88 元（后复权），之后便开始步入上升通道，到 2005 年 4 月 12 日王亚伟离任，贵州茅台股价收于 76.01 元（后复权），而 2012 年 7 月 16 日则创出了 1 292.59 元（后复权）的历史高位。

在早年浮浮沉沉的投资生涯中，经验与教训在王亚伟心中慢慢发酵，一点一点转变成对投资确定不疑的认识。

美国归来
化蛹成蝶

然而，成功从来不会轻易到来。2005 年 4 月，股权分置改革吹响了号角，股市一开始却毫无反应，依然一路下跌，到 6 月 6 日，上证综指盘中一度跌破 1 000 点，创出 998 点的新低后，才停止了跌势，开始在底部盘整。

2003 年 6 月 6 日，社保基金第一次选秀，华夏基金获社保基金管理人资格，管理社保 103、社保 107 组合。由于社保组合表现不佳，2004 年 8 月，由时任华夏基金投资总监的王亚伟接替胡弘鑫担任社保 107 组合基金经理，郭树强接任社保 103 组合基金经理。但结果并不令人满意，在距离合同到期日大约 1 个月的时候，王亚伟又从郭树强手中接过社保 103 组合的管理权。最后，由于社保 103 组合业绩垫底，社保基金终止了社保 103 组合委托管理合同。

这成为华夏基金发展史上的一个大事件，被称为社保 103 事件。主要责任人王亚伟、郭树强，包括总经理范勇宏都被扣了工资和奖金。

2005 年 4 月 12 日，王亚伟卸任华夏成长基金经理。

2005 年 9 月，王亚伟参加了中国证券业协会组织的学习，赴美国宾夕法尼亚大学沃顿商学院学习 3 个月，其间拜访了许多美国机构投资者。

2005 年 12 月，王亚伟从沃顿商学院学习归来，提出了辞去投资总监的申请。2005 年 12 月 31 日，华夏大盘基金发布公告，王亚伟出任华夏大盘基金经理。华夏大盘基金与王亚伟的传奇故事，从此展开。

对于王亚伟三个月的美国之行，人们充满了好奇和猜想，为什么从美国归来的王亚伟，如有神助，好像突然之间悟到了投资的真谛。

对此，王亚伟表示，主要有两个方面的原因：一是卸下了投资总监的重担，"管钱和管人是两个性质完全不一样的工作，钱没有思想感情，比较简单，管钱主要考虑市场；但管人非常复杂，我不太擅长，做起来很累，特别是两种性质不同的工作交织在一起，非常困难。"考虑再三，王亚伟决定选择自己热爱的事业：放弃投资总监的职位，专心做投资。

第二个原因是，在美国的三个月，王亚伟有时间冷静下来思考，了解美国市场，破除了对它的迷信，也可以站在更广阔的视野重新审视中国证券市场。

让王亚伟触动最深的是，美国的机构投资者相当多元化，投资者类型非常丰富，一个企业在产生、发展和消亡过程中会对应不同的投资者，早期是天使投资、VC 投资，然后是创投，上市以后会有兼并收购或者是垃圾债等。"在这个生态系统中，不同的投资者有不同的投资思路。换一个角度，对企业价值的理解就不一样，在一些人眼里没有价值的东西，在另一些人看来可能很有价值。"这一发现让苦苦思索的王亚伟豁然开朗，王亚伟开始尝试站在不同类型投资者的角度思考问题，全方位考察一家公司的投资机会。这为他日后多角度挖掘公司价值、不拘一格的选股风格，奠定了重要的基础。

"公募基金经理要跳出公募基金的局限性"，2006 年底，记者在采访王亚伟时，他深有感触地说。

多元化策略
初露锋芒

在某种程度上，美国之行，对王亚伟投资生涯的意义，就像改革开放对于中国的意义一样重大，为他打开了一片更加广阔的空间。

王亚伟的思维更加自由与开阔，他拓宽了选股的广度，表现出多策略的选股风格，既能采取发掘隐蔽资产、拐点再生、重组事件驱动的策略，也能使用经典的低市盈率、低市净率价值型投资策略。

2006年，中国股市在2005年成功筑底的基础上，开启了波澜壮阔的大牛市，沪深股市单边上扬，全年上证综指上涨130.43%，深证成指上涨132.12%。

在2005年底接手华夏大盘基金之后，王亚伟对华夏大盘的持仓进行了调整，前十大重仓股由中国联通、上海机场、中国石化等基金重仓股，换成了中储股份、中材国际、万科、太原重工、焦作万方等不为人关注的股票，持股集中度较为分散，除了中储股份，前十大重仓股持股都在基金净值的5%以下，同时保持了88.95%的高仓位。

在人民币升值、资金泛滥推动资产价格大幅上升的背景下，王亚伟特别看好具有隐蔽资产的公司。在他看来，大牛市中，市场对公司价值的挖掘热情会越来越高，资产会变得越来越值钱，具有隐蔽资产公司的安全边际也会越来越大。

中储股份因为拥有大量土地资源进入了王亚伟的视野，由于历史成本计价原则，中储股份的大量土地资源在公司的资产负债表上并没有体现出真实价值，2006年初，中储股份股价仅4元左右。第一季度，王亚伟大举买入，华夏大盘持有中储股份1 384万股，持仓7.53%，位列华夏大盘十大重仓股之首，第四季度略微减持到1 253万股，仍为第三大重仓股，到2006年末，中储股份上涨一倍多，到2007年第一季度，中储股份继续上涨，已有近两倍的收益，华夏大盘开始逐渐减持，到第一季度末，持有中储股份 300 万股，第二季度全部减持。从 2006 年 1 月 10 日到 2007 年 5 月 28 日，中储股份的涨幅超过 6 倍（复权价）。

随着股市不断走强，华夏大盘重仓股中储股份、中材国际、焦作万方等的价值开始被市场认同，股价出现大幅上涨，贡献了丰厚的利润，上半年，华夏大盘以 94.7% 的净值增长率在同类基金中排名第五。

王亚伟初露锋芒。

第三季度，股市震荡向上，王亚伟开始变得谨慎，将股票仓位降至 77.51%，同时调整组合构成，全面减持估值较高的航天军工类股票，增持估值处于市场最低端的有色、钢铁类股票，并将生物医药股纳入组合。

2006 年第四季度，股市呈现单边上涨的格局，金融、地产、钢铁、石化等权重股在人民币升值、价值重估以及股指期货即将推出的背景下，成为大量新增资金追逐的焦点。在第二季度减持万科后，下半年表现较好的银行、地产股，始终没有再出现在华夏大盘的重仓股中。由于在金融、地产行业投资力度不足，华夏大盘第四季度净值增长率为 25.90%，同期业绩比较基准增长率为 39.45%。全年华夏大盘以 154.7% 的净值增长率，在同类基金中排名第 12。

淘金冷门股
大牛市一骑绝尘

在华夏大盘基金重仓股的组合上，较少看到某个阶段最热门的行业和股票，体现出与基金行业重仓股的强烈反差。

王亚伟喜欢另辟蹊径，反对盲目追逐热门股。他有一个形象的比喻："跟随热点买股票，就像黄金周登黄山，春节去三亚，热闹固然热闹，却与你观光休闲的目标大相径庭，除非你觉得与人斗其乐无穷，才会参与这种费力不讨好的博弈，如果你真正想让资产安全稳定地增值，一定要远离热点，走自己的路。"

2006 年第四季度，以金融、地产为代表的蓝筹股备受市场追捧，然而，王亚伟保持着相当的警觉，在他看来，一些短期看上去似乎唾手可得的机会，可能暗藏风险，反过来，一些长期而言无关紧要的短期风险，却提供了较好的投资机会。

在各基金为年底排名而战的时候，王亚伟已开始静悄悄布局 2007年，他逐渐买入了一些不被人关注，看上去不太符合公募基金价值投资理念的冷门股。南方航空、锡业股份等进入了王亚伟的视线，在 2006年指数大涨的情况下，它们几乎都没什么表现，涨幅远远落后于大盘。

在华夏基金 2007 年度投资策略会上，王亚伟指出了 2006 年涨幅250% 以上牛股的特点：一、绝大部分都不是热门股；二、牛股不存在流动性问题；三、牛股出在高增长行业、资产重组公司以及具有隐蔽性资产的公司。

当时，蓝筹股备受追捧，成长股很受冷落。王亚伟却明确表示，长期而言，成长股的投资价值高于价值股，未来，市场一定会给成长性溢价。"在市场给予蓝筹股流动性溢价的时候，就是买入成长股的最佳时机。"王亚伟对 2007 年的判断简单肯定。

这一预判很快得到了验证，2007 年第一季度，大盘蓝筹股经过 2006年第四季度大幅上涨后，开始震荡整理，而一些前期冷门股的投资价值，开始渐渐被挖掘，成为市场新宠，岳阳兴长、南方航空、锡业股份、云铝股份等纷纷大涨。由于准确的判断和提前布局，华夏大盘一骑绝尘，业绩遥遥领先，第一季度净值增长率高达 60.87%，而同期业绩比较基准增长率为 24.22%。

南方航空是王亚伟当时的代表作。因为受周期性影响，南方航空的业绩不好，2006 年前三个季度每股亏损 0.09 元，面临被 ST 的风险。王亚伟表示，南方航空连续亏损，从财务角度判断没什么价值，但从购并价值看，则被严重低估。当时，国航、南航、东航三大航空加起来总市值才600亿元，而茅台市值已经有1 000亿元，超过整个航空业。"中国人不喝茅台没有问题，但如果航空业没有了，或者让大家花很便宜的价格就把这个行业控制了，将关系到国家安全等重要问题。"王亚伟的投资逻辑简单清晰。

2006年第四季度，王亚伟在3元左右大举买入南方航空2 690万股，以5.56%的持仓位列华夏大盘第二大重仓股。2007年8月，王亚伟在18元左右卖出南方航空，加上权证带来的无风险收益，获得了600%的收益。

锡业股份也为华夏大盘2007年的优异业绩作出了相当大的贡献。2006年第三季度，王亚伟在6元左右开始买入锡业股份，持股700万股，以2.51%的仓位位列华夏大盘第七大重仓股。当时，锡业股份已经在底部盘整了数年，即使牛市到来也无人问津，王亚伟买入时的计划是长期持有。然而，行情来得比他想象中要快很多，2006年底，一直在底部震荡的锡业股份开始发力，到2007年8月，涨至40多元，已达到王亚伟的目标位，他果断卖出。

王亚伟表示，做投资，需要一颗红心，两手准备，先要作好长期投资的准备，但也要随着市场的变化，更新判断，不断重新评估组合内个股的价值。

王亚伟卖股票很少卖到最高点，在华夏大盘卖出后，南方航空又大幅上涨到30元，2007年，锡业股份最高价也涨至102.2元，但王亚伟并不后悔卖得太早。与相当多的基金经理长期持有白马股的策略迥然不同，王亚伟非常注重股票的阶段性价值，他用南方航空解释了自己的逻辑：3元买进18元卖出，有600%的收益，但从18元要涨到100元，才有600%的收益，而后面这一段承担的风险远远高过前面。"这不是我这种投资风格可以获得的，我只能抓住我能把握的风险比较低的前一阶段的收益，而不可能持有一只股票到最高点，赚取全部上涨的收益。"王亚伟对自己有清醒的认识。

事实上，长期以来，王亚伟都是通过不断动态调整持仓结构，以达到优化组合、控制组合整体风险的目的，他卖掉甲是因为找到了更好的替代品乙，尽管甲还有20%的上涨空间，但乙有50%的上涨空间，收益相对较高风险相对较小。虽然这样会导致换手率偏高，但他认为这种换手是值得的。

2007年，华夏大盘基金以226.24%的净值增长率领跑所有类型基金，比第二名许炜执掌的中邮核心优选基金高出35个百分点。王亚伟名声大振。

不拘一格
不离价值

与大多数基金经理习惯于一个视角看公司不同，王亚伟喜欢从多角度分析企业的价值，在他看来，企业的财务价值与成长性是一个角度，企业的内在价值也值得考虑：比如企业隐蔽资产的价值，企业的重估价值、购并价值。一家亏损的企业，从财务价值来看，肯定不行，但王亚伟也许会看中它的购并价值。

王亚伟注重市场，注意挖掘不太被市场关注的低估的投资机会，个股是否潜藏价值、未来股价是否有较大上升空间是第一位的，至于这只股票是否公募基金传统意义上的价值股，他并不是很在意。在华夏大盘的投资组合中，偶尔也会看见ST股的身影，如ST春兰、ST方兴、ST望春花等，2007年第二季报，ST广厦更以4.03%的仓位，位居华夏大盘第二大重仓股。

在王亚伟看来，ST是一个财务符号，并不能代表一家公司的全部，"从财务价值投资角度看，一家公司连续两年亏损就会成为ST，但各家公司有各自不同的情况，并不是所有ST股都不好。大家往往会不加辨别地卖掉，或者不敢投资，导致个别公司被低估，出现很好的买点。"

对于ST股，王亚伟作了一个形象的比喻："像我们小时候看电影，往往只是简单地把人物分为好人和坏人，但这种简单划分，对于我们理解剧情和生活的复杂性没有任何帮助。做投资也一样，若只是对上市公司和股票作简单的划分，好公司差公司、大盘股小盘股，而不是去研究企业的内在价值，对股市的认识，就只是停留在表面。"

基于同样的理念，王亚伟也致力于挖掘重组股的投资价值。2007年，因为精准把握岳阳兴长的投资，王亚伟擅长做重组股的声名大起。

2006年第三季度，华夏大盘持有岳阳兴长300万股，2006年12月5日，岳阳兴长因重组事宜宣布停牌；2007年2月12日，公司宣布与湖南高桥公司达成重组意向。复牌之后，岳阳兴长接连走出10个涨停板，王亚伟没有像一般投机者那样快速卖掉该股，华夏大盘仍继续持有岳阳兴长，即使2007年第三季度华夏大盘大幅减仓，岳阳兴长仍位列第一大重仓股。一直到2008年第四季度，华夏大盘依然持有岳阳兴长200万股。

中航精机是王亚伟成功投资重组股的又一经典案例。

2009年第一季度，王亚伟买入中航精机128万股，第二季度增持到300万股，之后仓位不再变化。当时，中航精机股价尚在10元左右的底部震荡，并无机构问津。在坚守一年多之后，2010年，中航精机传出重组的消息，各路机构开始大举买入或增持，王亚伟却不为所动，始终不再变动仓位。2010年9月16日，中航精机公告，公司重大资产重组事宜获证监会审核通过，公司从汽车零部件厂商化身航空机电系统专业平台，未来业绩将实现跨越式增长。10月22日中航精机复牌，连续9个涨停板之后震荡上涨到105.17元，13个交易日，中航精机涨幅接近3倍。从2009年1月5日以6.2元开盘，中航精机涨幅超过10倍，王亚伟潜伏近两年，获利相当丰厚。仔细研究华夏大盘对中航精机的投资，可以看出王亚伟在投资方面的独立性。

对于有人质疑王亚伟对重组股的投资，他表示，投资重组股和价值投资并不冲突。"重组股是A股市场某个特定阶段的产物，存在系统性被低估的机会，对此视而不见是不负责任的。"王亚伟表示，"很多同行没有看到或者不屑于参与，我关注得多一点，可能就做得好一点。"

王亚伟依靠三种方法来投资重组股：公开信息、合理推测、组合投资。在他看来，大多数情况下，从公开信息中可以找到足够的投资依据，如果公开信息不够充分，他会通过换位思考加上合理的推测。"公开信息并不意味着所有人知道的一样多，大多数人是拿起报纸读他人解读的观点，人云亦云，真正读原文、静下心来思考的人并不多。"他说。

不过，即使做足功课，重组能否成功仍有一定的不确定性，王亚伟就通过组合投资加大成功的概率，同时降低风险，他通常会买入多只潜在的重组股，因为重组股常常有数倍的涨幅，只要其中有一半重组成功，这一部分组合的收益就相当可观。

在王业伟的投资生涯中，重组股无论从数量还是比例上，都只占其投资组合的很小一部分。"有人说我只做重组股，其实那只是我多年投资生涯中非常小的一部分。"2012 年，在宣布辞去华夏大盘基金经理的职务时，王亚伟表示，自己对重组股的关注已大大降低，"随着市场的发展，重组股已经没有获得超额收益的机会了，甚至可能是风险大于收益，应该更加注重其中的风险。"

敬畏市场
逆势减仓

虽然在选股上，王亚伟可谓胆大心细，但对于市场，他始终保持了一种敬畏的心态。

2007 年 1 月 19 日，华夏基金公告暂停华夏大盘基金申购业务。对此，市场有各种各样的猜测，华夏基金总经理范勇宏表示："鉴于 2006 年 A 股涨幅巨大，王亚伟发掘冷门股的投资策略不适合容纳过大规模的资金，为保护投资者利益，公司决定关闭华夏大盘。"

2007年，随着牛市越来越火热，王亚伟开始变得越来越谨慎，他不断动态调整华夏大盘的投资组合，将风险控制在较低水平，同时进一步分散持股集中度，以保证组合整体的流动性。虽然牛市提供了很好的投资机会，但在具体操作中，王亚伟希望能谨慎对待每一分钱，"为了保持购买力不下降，我们需要投资，但不要因为钱多而轻易降低投资标准。"他说。

2007年第三季度，股市沉浸在一片欢乐之中，然而，随着指数的上涨，市场风险正在不断积累。虽然牛市下半场、8 000点、一万点的呼声不绝于耳，王亚伟却开始感到不安，在华夏大盘第三季度报告中，他写道：扣除投资收益后，上市公司的业绩增长并不足以支撑市场整体的高估值水平，而美国次级债危机的爆发，也增加了未来世界经济增长的不确定性。

在当时，股市如火如荼，在高额赚钱效应的诱惑下，投资者变得盲目、冲动，不管市场攀升到多高，投资者还是大把大把地把钱扔给基金经理，而为战胜业绩基准、战胜同行，基金经理已陷入"囚徒困境"，只能努力跟上呼啸而上的市场，追逐市场的宠儿。2007年基金第三季报显示，基金持股市值达2.32万亿元，占同期A股流通市值的比例超过28%。

就在所有投资者如痴如醉享受市场非理性繁荣的牛市末期，王亚伟敏锐地感觉到系统性风险渐近，他开始大规模撤退，卖出了一些涨幅巨大的个股，第三季度，华夏大盘股票仓位已降低至63.39%。

2007年9月19日，在广州花园酒店，投资大师罗杰斯来到中国，与中国投资者进行了面对面的交流。会上，王亚伟表示出对股市的担忧，并明确表示："我已经开始卖了。"

在王亚伟看来，投资不能违背传统智慧，市盈率是投资常识，应该让自己的投资行为符合一般的投资规律。比如美国网络泡沫时曾经出现过"市梦率"，事后看就非常荒谬。

2007 年 10 月 16 日，沪深股市在创出 6 124 点的历史高位后，开始调整。当所有人都去寻找隐蔽价值、资产注入的股票时，王亚伟却已开始寻找被忽视的投资机会，他的策略是，回避股价透支未来业绩的高估值品种，选择风险释放充分、估值偏低以及内在价值对股价有支撑的品种。他开始买入大牛市期间涨幅最小的农业股，北大荒出现在华夏大盘的前十大重仓股中，以 760 万股 2.06% 的仓位位列第七大重仓股。由于调仓及时，第四季度虽然指数回调，华夏大盘仍获得了 4.25% 的正收益。

收缩防守
轻仓过冬

"2007 年，没有人想到会涨到 6 000 点，2008 年，也没有人想到会跌得这么深，我们只能根据市场的变化，不断调整预期。" 2008 年冬天，记者在北京见到王亚伟，他表示，一个职业投资人应该了解自己能力的边界。

尊重市场，始终保持谨慎的心态，也许是王亚伟能够牛市领先、熊市抗跌的原因。

2007 年末，为布局 2008 年，在股市下跌至 5 000 点附近，华夏大盘股票仓位提升至 77.92%。

2008 年，美国资贷危机开始在全球蔓延，中国经济面临通货膨胀加剧和外部需求放缓的压力，央行采取从紧的货币政策，再加上蓝筹股巨量融资、"大小非"减持导致股市的供求关系发生逆转，在各种利空因素叠加下，中国资产泡沫迅速破灭，A 股市场步入罕见的大熊市。

2008 年第一季度，股市继续下跌，王亚伟快速降低仓位，以应对系统性风险，农业股逆势上涨，为华夏大盘贡献了正收益，第一季度华夏大盘净值增长率为 -8.93%，同期业绩比较基准增长率为 -23.87%。

2008 年第二季度，调低印花税虽然引发了短期反弹，但在种种利空因素下，市场很快重新步入调整格局。为控制系统性风险，王亚伟采取了收缩防守的策略，减持股票增持现金和债券，并对股票结构进行调整，减持了地产、钢铁、机械等周期类的股票。第二季度，随着股市进一步下跌，华夏大盘股票仓位进一步降低至 50.3%，之后，华夏大盘一直保持了较低的仓位，第三季度，华夏大盘小幅加仓至 57.23%，第四季度，华夏大盘继续小幅加仓至 60.41%。

在股市最低迷的 2008 年下半年，王亚伟在保持低仓位的同时，积极调仓换股，优化投资组合。第三季度，华夏大盘买入 300 万股金牛能源。

2008 年 11 月，政府出台"4 万亿"刺激经济政策，股市见底，缓慢回升，王亚伟开始布局 2009 年，他在低位继续增持金牛能源到 1 000 万股，为第一大重仓股，同时减持了有色股，增持了弹性较大的券商股，买入吉林敖东 580 万股，持仓 3.57%，为第三大重仓股，买入辽宁成大 850 万股，持仓 3.4%，为第四大重仓股，买入中材国际 300 万股。

2008 年 10 月，由王亚伟担任基金经理的华夏策略发行，只发行了一天，募集 15.83 亿元，成立之后一直没有开放，只能赎回不能申购。

2008 年，沪深股市暴跌，上证综指年初以 5 265 点开盘，年末以 1 820 点收盘，全年下跌 65.39%，股票型基金平均下跌 51.58%，偏股型基金平均下跌 50.73%，平衡型基金平均下跌 43.70%。由于减仓较早也比较坚决，华夏大盘亏损相对较少，以 - 34.88% 的收益率位居同类基金第 2 名。在 2007 年大牛市排名第一，在 2008 年大熊市排名第二，王亚伟展现出很强的投资能力和风险管理水平，投资风格趋于成熟。

牛市领先，熊市也领先，王亚伟传奇进入最精彩的篇章。

独孤求败
四年十倍

"一个人活在人群里好像有一种安全感，但其实是一种虚幻的安全感。"对王亚伟来说，投资是一件寂寞的事情，最后扣动扳机的只能是一个人。

王亚伟深知，股市是一个被情绪左右的市场，而且信息泛滥，必须要有敏锐的洞察力和过滤能力，才能抓住事情的关键，不然就会被淹没，就会迷失方向。

查阅华夏大盘基金的定期报告会发现很多"陌生"的重仓股，甚至有些股票从传统的基本面分析并不出彩，与投资者通常理解的价值投资不太一致。一些人因此对王亚伟的投资风格产生质疑，认为他偏离了价值投资。

但王亚伟却认为，是否价值投资更多取决于用什么方法投资，在什么价位投资，如果经过仔细研究，发现一只 ST 股未来的预期价值远高于当前价格，在低位买入就是价值投资，而如果盲目跟风，以高于预期价值的价格买入，就是投机。

2009 年，股市在经济复苏预期和流动性放松的背景下快速反弹，第一季度，有色、券商、汽车等周期类股票大幅反弹，王亚伟准确捕捉到券商股的投资机会，吉林敖东从 2008 年 11 月 4 日的最低价 14.85 元，到 2009 年 7 月 29 日的最高价 59.4 元，涨幅近四倍。华夏大盘的重仓股金牛能源、云南城投、峨眉山、中材国际都有出色表现。

虽然仓位不高，但由于持仓个股表现出色，华夏大盘第一季度净值增长率为 37.76%，同期业绩比较基准增长率为 27.75%。王亚伟开始卖出一些涨幅较大的股票，辽宁成大、云南城投退出了前十大重仓股，第一季度，华夏大盘仓位下降到 55.63%。

第二季度，华夏大盘快速将股票仓位提高到 85.41%，之后，一直保持了较高的仓位。根据经济和市场的变化，王亚伟不断动态调整持仓结构，涨幅巨大的吉林敖东、金牛能源，退出了前 10 大重仓股，十大重仓股中出现了受益于投资拉动的国阳新能、太行水泥、华菱钢铁等。

2009 年第二季度，王亚伟大手笔买入具有整体上市前景的国阳新能

1 400 万股，持仓 8.99%，国阳新能从 4 月 1 日 18.7 元的开盘价起步，到 8 月 6 日即上涨到 49.16 元，短短 4 个月，涨幅超过 2.5 倍，下半年，国阳新能跟随股市震荡，11 月 26 日创出 51 元的阶段性高价。随着股价快速上涨，第三季度，王亚伟开始减持国阳新能，持股降到 1 000 万股，持仓降到 7.41%，第四季度全部卖出。

王亚伟擅长选股，也善于根据个股的价格变化，不断调整持仓结构。2007 年第一季度，恒生电子出现在华夏大盘的十大重仓股中，持有 524 万股，2007 年第四季度减持到 330 万股，到 2008 年底，最低位时加仓到 1 340 万股，2009 年第二季度加仓到 1 766 万股，第三季度又减仓到 850 万股，第四季度全部卖出。从 2008 年 11 月 7 日最低位 6.95 元涨到 2009 年 12 月 31 日的收盘价 31.71 元（后复权），恒生电子涨幅 4 倍多。价位低、把握较大的时候增持，价位高则减持，通过不断的动态操作，华夏大盘在这只股票上获得了更多的收益。

2009 年下半年市场大幅震荡，为规避日益加剧的结构性风险，华夏大盘第四季度大幅增仓银行、交通运输、减持采掘业与金属非金属行业，工商银行、建设银行成为前两大重仓股，交通银行为第七大重仓股。

在成功跨越牛熊市之后，2009 年 11 月，华夏大盘基金累计净值突破 10 元大关，成为中国基金业有史以来首只累计净值突破 10 元大关的基金。王亚伟用了不到四年的时间，为华夏大盘的持有人赚取了 10 倍的回报。

2009 年，华夏大盘基金以 116.19% 的收益率再次获得年度冠军。

2010 年，中国经济政策着力点放在转变经济增长方式，调整经济结构上，A 股全年震荡下行，上证综指下跌 14.31%，结构分化十分明显，受宏观调控影响较大的金融地产行业、周期性行业股票大幅下跌，消费成长型行业、新兴产业的中小板创业板股票受到市场追捧。

王亚伟继续表现出对牛股的挖掘能力。虽然在股市上涨时，对一些买入后涨幅较大的股票，王亚伟会果断减持。但在 2010 年、2011 年两年震荡向下的市场中，对一些看好的个股，他却能耐心守候，比如广汇能源。

2009 年第四季度，广汇能源首次出现在华夏大盘的重仓股中，以 5.88% 的仓位列第三大重仓股。从 2010 年第一季度到 2012 年第四季度，广汇能源一直为华夏大盘的第一大重仓股，广汇能源 2009 年 10 月 9 日以 15.59 元开盘，2010 年 12 月 15 日见阶段高点 70 元（后复权）左右，为华夏大盘贡献了较高的正收益。到 2012 年 5 月 4 日王亚伟宣布辞职，广汇能源价格为 58.62 元，涨幅 4 倍左右。到 2013 年 3 月 25 日创出历史新高 85.86 元。

2010 年，华夏大盘一直保持了较高的仓位，工商银行、建设银行一直位列华夏大盘前十大重仓股，虽然银行股一直处于震荡行情，没能贡献正收益，但华夏大盘持有的以广汇能源为代表的新疆资源股以及医药、水利、军工等行业的股票，为基金净值作出较大贡献。华夏大盘基金以 24.24% 的收益率排名偏股型基金第七名，华夏策略基金以 29.50% 的收益率排名第三。

2011 年，美国主权评级下调和欧债危机导致外围市场大跌，国内经济增速继续放缓、通胀高企、利率居高不下，A 股市场持续扩容、再融资、"大小非"频繁减持导致股市供求关系失衡，导致投资者信心丧失，股指连创新低，沪深指数分别下跌 21.68%、28.41%。王亚伟采取防御性策略，组合均衡配置，一定程度上回避了高估值品种的投资风险，2011 年，王亚伟管理的华夏策略基金和华夏大盘基金分别下跌 14.25% 和 17.10%，分别排名第 11 位和第 26 位。

与天不老
与日常新

经过大牛市、大熊市、震荡市，王亚伟与华夏大盘依然是中国股市最耀眼的明星。虽然被当做中国股市的传奇人物被追捧，王亚伟却认为，自己并没有特别确定的投资风格。在他看来，中国的证券市场还非常年轻，作为基金经理，需要不断学习，与时俱进，随着市场的变化不断调整和完善自己，不能过早把自己定性，局限于固定的风格，不要用理想化的理念把自己固化。

"中国改革开放 30 多年后，大家开始谈中国模式，但改革初期却只有美国模式和拉美模式，简单模仿任何一种模式，结果都是灾难性的。"王亚伟表示，中国改革有很多闪光的思想，比如摸着石头过河，不管白猫黑猫，抓住老鼠就是好猫，与时俱进等，"这背后的逻辑与投资是一样的，那就是尊重市场，勇于创新"。

王亚伟自认为是一个比较市场化的人，不会空谈理想，而会尽量去捕捉市场所处的阶段和机会，用发展的眼光看问题，不以现在的要求去评判过去，也不会停留在现在去预判未来。"一定要有一套自己独有的随着市场变化可以不断完善的体系，这才是持续投资成功的关键。"他说。

在王亚伟看来，一个优秀的职业投资人需要有反思的能力，对自己的很多观念方法，要不断修正甚至否定，而不是不断强化。因此，王亚伟几乎从不发表对市场的看法，一方面盛名之下，他的所有言论都会被广泛传播，甚至被曲解；另一方面，要把自己的观点讲出来说服别人，背后一定要有清晰的逻辑与强大的理由，这个过程会不断强化原本的想法。

王亚伟表示，投资中常常有互相矛盾的东西，比如投资不能没主见，随大流，但过分有主见，听不进别人的意见，又可能走到极端。

"彼得·林奇既说过要跟股票谈恋爱，又说过千万不要和股票谈恋爱。"王亚伟说，这看似自相矛盾，实际是从不同角度看问题。

在王亚伟看来，一个成功的职业投资人应具备一些相互矛盾的素质，比如说既要有大局观又要关注细节；既要保持客观理性又要富有激情；既要遵守投资纪律又要灵活变通；既要有开放的心态，广泛听取别人的意见又要能独立思考不盲从。

2007 年 4 月，在华夏基金成立 9 周年之际，王亚伟撰写了题为"以谨慎的心态独立思考"的文章，详细阐述了他多年的投资感悟："市场的演变不以个人意志为转移，浮躁心理是投资大忌。要了解自己、了解市场并尊重市场，随时评估市场的变化，同时还应始终保持一种谨慎的心态和独立的思考。经过 10 年的投资经历，有朋友戏称我是投资上的老猎手，实则不然。即使是老猎手，面对目前的这个市场与以往也完全不同。在诸多新问题面前，老猎手同样是小学生。"盛名之下，不骄不躁，依然谦虚谨慎，保持学习的心态，不断修正自己的行为，这也许是王亚伟能够连续多年业绩优异的原因。

走入私募
回归自我

虽然王亚伟曾多次表示做公募基金是自己的理想，然而，天下没有不散的筵席，离别的时刻终于到来。

由于出色的投资业绩，王亚伟声名远扬，王亚伟概念股成为牛股的象征，被媒体大肆报道，王亚伟的名字几乎天天出现在一些知名的财经网站。这让他很是担忧，在不成熟的市场环境下，普通老百姓盲目跟风投资，很容易赔钱。"第一，他们不知道我买一只股票的原因是什么，我买股票的理由是否发生变化，什么时候发生变化；第二，基金买一只股票最多不能超过组合净值的 10%，一些小股票可能只占组合的千分之一，类似于风险投资，因此，我的风险承受能力是非常强的，但老百姓却重仓买进去，承担了过高的风险；第三，我持有的个股可能有风险，我会在组合用另一只股票进行对冲，老百姓没有对冲，很容易赔钱。"

王亚伟作了一个形象的比方：基金组合投资就像老中医开药，讲究成分搭配，讲求平衡，如果猛吃其中的一味药，很容易伤身体。

媒体的过度报道，老百姓的盲目追捧，让王亚伟在买股票的时候变得缩手缩脚，"我买股票的时候会想，这只股票会不会被报道，散户跟进赔钱了怎么办？任何一只股票都有风险，是不是什么股票我都不能买？"王亚伟开始退出公募基金的念头越来越坚决。

2012年5月7日，华夏基金公司公告，王亚伟已于5月4日因个人原因辞职，从2005年底接手到2012年辞职，华夏大盘基金累计单位净值达11.472元，区间最高累计单位净值高达14.069元，复权单位净值增长率达1 198.91%，累计单位净值增长率1 046.05%，其间业绩比较基准仅增长132.78%，短短6年多，王亚伟创造了基金领域难以复制的业绩，为投资者带来了超过10倍的回报。

2012年5月7日，王亚伟准时出现在华夏基金公司会议室，出席华夏基金专门为他组织的媒体恳谈会。面对现场的众多记者，处于辞职风暴中的他依然保持一如既往的温和低调，"我只是一个普通基金经理，外界关注太高，让我感觉压力太大。投资是一件很专业的事情，天天在公众的视线中，客观上对投资造成了很大的影响和干扰。"关于辞职的原因，他如此说。

谈及自己的投资，王亚伟表示，"我不是公募基金的典型代表，因为我管理的华夏大盘封闭了5年，一开始只是想封闭一段时间，后来怕影响投资，就一直没有打开。但在投资上我并不另类，都是价值判断，只不过大家选择的角度有所不同。"

对于自己的成功，王亚伟表示，离不开方方面面的支持，更离不开这个特殊的时代。"中国经济高速增长、中国证券市场快速发展，给我个人的发展提供了可能性，日本熊市二十年，没有成功的基金经理。"

王亚伟的离开，标志着中国基金业明星基金经理时代结束。王亚伟的优异业绩，将载入中国基金史册，王亚伟十四年公募基金的投资实践，也将成为后来者学习的楷模。

2012年12月，王亚伟与招商银行合作发行私募产品的消息被证实，王亚伟低调复出。虽然王亚伟依然是媒体关注的头号人物，但他的名字已较少见诸网络，显然，离开公募基金之后，王亚伟终于可以过上相对宁静的生活。

投资之外，王亚伟喜欢宅在家里听音乐、看电影，对海外知名的电影人、音乐人，他是如数家珍。长假的时候，他喜欢旅游与摄影。

王亚伟用绝世的聪明与才智，建造了一座内心的象牙塔，在这里，他可以相对自由地挥洒。

也许因为名声太盛，王亚伟谨言慎行，特别是对于股市，他从不肯多说。

正如老子《道德经》云：多言数穷，不如守中。

唐朝司空图《二十四诗品·劲健》进一步演绎老子的原文：饮真茹强，蓄素守中，喻彼行健，是谓存雄。

虽然中国股市正经历曲折和艰难，但未来一定会产生自己的投资大师。王亚伟已经创造了辉煌的业绩，相信，未来他依然能够穿越波诡云谲的市场风云，走上投资的巅峰。

归江

一股一世界，一基一菩提。

如果说投资是一种修炼，价值投资信徒归江走的可能是勤修的路数：时时勤拂拭，不使惹尘埃。

凭栏观潮，浦江清风徐来，归江水波不兴。

归江：治水者

读完《苏格兰人如何发明现代世界》，信璞投资的 CEO 归江感慨于苏格兰民族对现代文明的贡献建立在遍布乡村的图书馆里。在这些乡村图书馆里，孕育出发明蒸汽机的瓦特，写出《国富论》的亚当·斯密，钢铁大王卡内基以及现代信托机制和文化。

2009 年，时任国泰基金投资总监的归江踏上这块短裙和风笛的故乡，当他看到一家基金公司会议室里挂着创始人的拉丁文祖训"慢慢来"的时候，心有戚戚。在受贪婪和恐惧支配，只争朝夕的证券市场，慢慢来，可能是投资者心中最大的挑战了！

投资启蒙
阅读改变思想

归江把自己的幸运归结于图书馆。归江出生于江苏某高校的大院，父亲在学院图书馆工作。从少时开始，触摸书页的兴奋和思考的乐趣就在引领着他认知世界，排除困惑和交往挚友。

从 1991 年到 1998 年，归江先后在上海交大机械工程系和复旦大学管理学院获得了本科和硕士学位。两所风格迥异的高校传授给他不同的思维禀赋。机械学教会他如何在充分实验和翔实数据的基础上展开逻辑推断，如何精确地复制并超越大自然赋予人类的力量。一旦油门踩下，所有机械系统只能坚定不移地执行既定的传动方案，不允许有丝毫误差。在不断交易着形形色色故事、投资逻辑一日一变的证券行业，机械思维成为了他的保护伞。

复旦管理学的培训则让他学会从管理者的角度去看待企业。1996年，复旦管理学院正和麻省理工斯隆商学院合办国内首批国际 MBA 项目，学院图书馆运来了国际上最新的经济、管理和金融学的原版教材和电子期刊。在这里，归江接触到一批管理学和价值评估的名著和大量的海外企业案例。

"当时国内管理界都在研究四川长虹和青岛海尔，而国际商学院则最为推崇一家叫安然的伟大企业。"归江抱着景仰的心情试图搞懂安然的盈利模式，却不太成功，乃至一直耿耿于怀。

归江对安然的好奇却从未间断。2001 年末，安然突然宣布破产，商学院和资本市场的神话破灭。然而，就在次年 9 月，巴菲特旗下的中美洲能源公司却宣布收购安然旗下的 12 项资产。直至最近几年，信璞的研究员又一次发现了安然的踪迹，美国最大的页岩气企业 CHK 的高管，居然大部分来自安然。

"如果杂志封面上有一家公司即将破产的消息，我们会跑过去看看。"当读到 Clipper 基金吉普森的这句话的时候，归江有了顿悟。在巴菲特投资安然的启发下，归江开始寻找中国的安然——新疆德隆。在对德隆系上市公司作完系统研究之后，2005 年，归江的价值投资团队介入了湘火炬，当时，湘火炬的股价已从 2003 年的 15 元跌至 3 元附近。

湘火炬拥有法士特公司 49% 的股权，而法士特在重卡变速箱市场拥有 60% 的市场占有率。在 2003 年和 2004 年，法士特分别有 3.7 亿元和 7.2 亿元的净利润，如果按 5 亿元的净利润和 10 倍的市盈率计算，49% 的股权价值也有 25 亿元。更重要的是，这家企业拥有一位叫李大开的优秀企业家。后来，因为法士特的战略价值，湘火炬在股改中被潍柴动力吸收合并，并在此后的一年里涨了6倍。如果持有到2013年，这笔投资也有10倍以上的收益。最值得欣慰的是，归江有缘结识了一对优秀的企业家搭档，潍柴动力的谭旭光和徐新玉。

从研究生时期关注安然开始，归江逐渐领悟到企业成败的辩证法。无论环境如何变化，企业界和自然界一样，不断演绎着优胜劣汰的达尔文法则。只有暴风雨来临的时候，我们才知道哪些大树是健康的，哪些是中空的。也只有在大树倒下的时候，少之又少的优质资产才会进行再分配。

这需要不断的积累和观察。归江逐渐领悟巴菲特所说：50年的准备来实现5分钟的交易，芒格和我几乎花了50年的时间才搞明白这个糖水（可口可乐）里的学问。

"我们过往的经验也证明，往往是敲打了5年到10年的投资品种，成功率自然会大大上升。我们现在开始研究的公司，可能5年后才会成为我们的投资品种。"

国泰君安
交友改变命运

在亚洲金融危机肆虐的时候，归江进入了当时资本市场的暴风眼——君安证券的自营部门。"在君安和后来的国泰君安，我吃到了基本面分析和价值投资的第一口奶，认识了那个时代最优秀的投资人，找到了可以终生合作的伙伴。"归江说。

1998年，在股市做庄、投机盛行的时代，君安证券走到了行业的最前沿。君安以日本野村证券为标杆，建立了业内最大规模的证券研究机构。在早期的证券市场，君安风光无限：在二级市场收购申华实业，欲打造中国的伯克希尔哈撒韦，举牌万科挑战上市公司的治理结构，大举买入极度低估的深发展欲行收购。在东南亚危机到来之时，君安却盈利丰厚，在全国名校大举招募，计划设立美国和欧洲办事处，觊觎香港和韩国股市的大底。

研究生毕业的归江，踏入了深圳春风路上的君安总部三楼，开始了证券生涯。

曾在万国证券工作过的师兄秦曦却提醒归江："君安和早年的万国很像，可能离出事不远了！"就在归江入职君安不久，这位师兄的预言兑现了。1998年7月，君安董事长张国庆与总经理杨骏双双被调查，1999年8月国泰与君安合并。他初次理解到盛极而衰、否极泰来的周期法则，就像长江的洪峰和海水的潮汐，不但客观存在，而且是可预测的。

不过归江并不后悔自己的选择。明星基金经理肖华，以及后来的长期合作伙伴王璟、唐定中和陈钢，跟归江都是在国泰君安相识，并成为莫逆之交。"我们互相学习，就像进入一所好大学，有优秀的老师和同学。"在君安以及后来的国泰君安，他亲历了基本面研究方法转化为巨额财富的事实。当时同事们发掘的泸州老窖、万科、福耀玻璃、金融街等，都成为此后10年经得起时间考验的绩优股。

君安的投资部门也是业内最不吝啬金钱调研的一支队伍。他永远记得同事们在严冬里坐着狗拉雪橇，去考察大雪封山中的上市公司。大量的实地调研和案头研究，让归江打下了深厚的基础。有一次，归江接到了宇通客车的研究任务，他研究并走访了所有的客车类公司，最后才对宇通客车作出评估。作为公司内部发审会的委员，他曾参与海南航空、美的电器的融资项目审核。这些经验对他日后理解和投资航空、空调行业起到莫大的帮助。

早期投资
亲历 B 股井喷和网络泡沫

归江的投资实践，最早从 B 股开始。1998 年，东南亚金融危机爆发，B 股跟随港股一起狂跌，B 股指数从 1996 年的最高点 201 点一直跌到 1999 年的 41 点，差不多是 2 年跌去了 80%。就在最低迷的时刻，君安证券开始了 B 股市场的布局，逐渐买入价格严重低于价值的 B 股公司。归江也正式开始了他的价值投资之旅。

2001 年 2 月，一个沉闷的午后，B 股市场在一阵剧烈的上涨后突然停牌，很快，证监会宣布 B 股市场对境内投资者开放。2 月 28 日开盘，B 股指数连续 6 个涨停板。合并后的国泰君安，意外发现自己成为市场上最大的 B 股投资者。

而君安元老们已陆续离职，只有归江知晓当年买卖这些股票的理由。因此，归江只能担当起制订 B 股调仓和减仓计划的任务。在第六个涨停板上，国泰君安席位上首次出现卖盘，B 股也收出阶段性的阴线。不过，B 股市场很快又气势如虹地涨了一倍，深圳 B 指最高站到 445 点，而 3 年前君安同仁们布局 B 股时是在 40 点附近。国泰君安当年在 B 股市场的盈利为 13 亿元人民币。

有一只股票，归江产生了莫大的兴趣，那就是万科，也是当时计划中留到最后的股票之一。回过头看，深圳 B 股指数从 2001 年的高点 450 点到 2013 年的 770 点，只有 1 倍不到的涨幅，但万科的复权价却比 12 年前的高点还增长了近 20 倍。万科一位持股最长的个人股东刘元生给归江留下了深刻的印象，让他深深感受到，只有建立在信任基础而不是商业基础上的投资，才可能帮助投资者穿越经济和股市的周期，获得最好的收益。

2000 年的网络股泡沫，让归江对新经济产生了敬畏。2000 年 2 月 17 日，当国泰君安在上午的涨停板上卖光所有股票，正惴惴于少赚一两个涨停板的时候，下午，大崩盘出现了。所有的热门股都从早盘的涨停板瞬间打至跌停。"所有的故事都没有兑现"，回顾当年那些自己亲自调研和精心挑选的网络精英，归江感慨地说。

从 1998 年到 2002 年，归江亲历了君安的变故和整合，参与了 B 股市场 10 倍的涨幅以及网络股的疯狂。他看到了逆向投资、基本面分析和耐心等待带来的巨大回报。

1998 年 3 月，国泰基金和南方基金成立，规范的中国基金业诞生。老同事们陆续转投基金公司，也陆续向归江伸出了橄榄枝。归江本着价值投资的原则，毅然投奔了刚刚走出基金黑幕的博时基金。

博时社保
远离热点　坚守价值

时代赋予了归江机会，让他在 30 岁就成为业内首批国家社保基金的基金经理。

在老同事肖华的推荐下，2002 年 5 月，归江来到博时基金，负责社保投资团队。肖华后来因为率先发现汽车股而闻名，他对归江的评价就两个字——勤奋。

这是归江投资生涯中最重要的时期，他至今仍非常感念这一段经历，"我们一起从基金黑幕中走出，在困境中建立了深厚的友谊，我们的团队观念、价值投资体系都在这里完善。我们得到了国家社保基金的支持和信任，也为客户创造了价值，为企业提升了价值，更重要的是，我们对资产管理行业的看法和价值观也日渐成熟。"他说。

2002 年，社保基金向各基金公司发出《关于申请社保基金管理人若干事项的函》，社保基金首次在基金公司的"选秀"工作拉开序幕。2002 年 9 月，各家公司陆续向社保基金理事会递交了申请材料，12 月 20 日，社保基金理事会发布公告，南方、博时、华夏、长盛、鹏华、嘉实 6 家公司被选为首批社保基金投资管理人。刚从基金黑幕走出的博时基金，在答辩会上颇受好评，得分在六家公司中位居前列。

归江记得 Capital Group 创始人 Lovelace 的一句话，"只有巨人才会雇用巨人。普通人只会雇用比自己更弱的人，由此导致整个组织的瘫痪。"得益于博时总经理肖风的信任，他陆续引进了一批和他一样勤奋和专注的人才，比如精通财务的唐定中、痴迷消费股研究的王璟以及对全球电信设备公司如数家珍的邓晓峰。归江相信巴菲特的话，不管做投资还是带团队，最大的成功就是找到不用管的股票和团队。归江在这里不但找到了信任，还找到了互相切磋的伙伴。

在近 1 年的社保基金筹备和招标期间，归江对社保基金的"长期投资、价值投资、责任投资"的理念进行了深入研究。如何获得长期的最佳投资表现？归江研究了美国共同基金业 10 年以上表现最好的基金，发现其换手率大多落在 30% 附近。也就是说，其组合的久期为 3 年多，当过多的资金都在追求当年回报最大化的时候，把自己组合的收益久期放到 3 年到 5 年，可以很好地规避资产泡沫，并能在控制成本的前提下从容建仓和调整组合。结果，博时社保组合的换手率正好是 30%，核心股票的持有周期在 3 年到 5 年左右。他们的组合往往在经历了 1 年左右的沉寂期后，第 2 年到第 3 年的超额收益就逐渐凸显，而到 5 年以上就一骑绝尘。

此外，偏好冷门和放弃热门的逆向投资也是多数长线赢家的共同特点。在每年出国和国际投资人的交流中，归江每到一处总是问道，贵公司长期表现最好的基金经理有何特点？答案惊人的一致，"牛市里表现最差的那位"。长线投资者还必须学会舍弃那些不属于自己的东西。围绕社保的长期投资理念，归江潜移默化地把这些研究成果转移到博时的社保团队的构建，决策和投资理念层面。

2003 年 6 月 6 日，社保基金理事会将社保资金划拨给 6 家管理人，6 月 9 日，社保基金正式入市。

随着新一届政府上台，中国经济进入新一轮高增长周期，2003 年，在石化、钢铁、汽车、电力和银行五个行业利润高增长的带动下，大幅上涨，被称为"五朵金花"的行情。成立不久的公募基金较早发现了这五个行业的投资机会，充分享受了蓝筹股上涨带来的收益。价值投资首次走进 A 股市场，基金的投资能力得到投资者的认可和追捧。

社保基金入市的时候，"五朵金花"正在怒放，随时都可能出现过度狂欢后的虚脱。博时基金的代表作上海汽车在不到半年的时间里翻倍，接着又回到低点。基于逆向投资的定位，归江丝毫没有关注那些市场的热点，而是默默地琢磨起自己长期积累起来的那些老相好企业。

归江选择了名不见经传的宇通客车，以至于投资人质疑，你们管理的账户怎么看起来一点都不像博时的？既没有上汽也没有长安，却买了个不温不火的宇通客车？机械出身的归江再次体现出自己的独立思想。不论是明星还是最信任的同事，都不能替代他对自己认知水平的独立判断。

为什么会钟情于一家如此小众的宇通客车？"这得益于君安同仁的点拨"，归江在君安时系统研究了客车行业的成长背景和行业格局，发现其貌不扬的宇通客车有着突出的核心竞争力。在地广人稀、自然条件最为恶劣的新疆地区，宇通客车的市场占有率一家独大，这已经说明了其产品质量和售后服务要显著地高过竞争对手乃至国外同行。同时公司在财务上极度保守，从不赊账销售，折旧计提非常充分，真实盈利能力一直被隐藏。在以后的十多年中，每次市场低迷或者宇通客车业绩低于"预期"的时候，归江管理的资金就会潜入这家企业。

一帮勤奋的同事也在贡献着各自的独特专长。在那些其貌不扬的冷门行业里，归江的社保团队埋下了格力电器、宇通客车、潍柴动力、小商品城、贵州茅台、山东黄金、青岛啤酒、上港集箱、上海家化等一批价值投资的种子。就是这些远离热点的种子，为他们日后夺魁社保股票投资，摘标新的社保组合立下了汗马功劳。

"我们团队最引以为豪的是对诸多投资品种独立的原创性研究，通过长期持有来获取巨额收益。"同行们往往嘲笑归江用漫长等待来获取收益的方法，为什么不扒正在行驶的高速列车呢？但归江却觉得，发现的乐趣，持有的等待，回眸一看轻舟已过万重山的感受，都是投机者无法想象和感受得到的愉悦。而且归江相信，只有在宁静的心境和乐趣的驱动下，投资这项事业才能真正卓越和持续。

在宇通客车，格力电器和佛山照明身上，归江学到了很多。他们长期专注于主业直至做到行业老大，管理层来自公司内部最基层的岗位，保持着高度的稳定和延续性，公司高管关注于企业的经营而不是取悦于资本市场。除了业绩年复一年稳定增长，公司的行业和产品都没有任何性感诱人之处。但是每隔几年就会出现一次很好的买点。宇通客车和格力电器在 2003 年都是 10 倍市盈率，2013 年还是 10 倍市盈率，但业绩和股价都同步增长了 10 倍以上。"我们没有赚市盈率变化的钱，我们赚到的主要是企业盈利增长的钱。"

由于投资过程清晰，投资结果表现出色，博时基金在社保基金的招标中屡次成为赢家。得益于社保的长线资金特性，归江和他的同事们找到了符合自己性格的完整投资方法体系。在人群恐慌的时候，他们学会慢慢出手挑选公司，在人声鼎沸满盘皆红的时候，他们学会渐渐退出。在市场攀比反应速度的时候，他们以静制动，在做足几年功课的公司里去寻找机会。他们很幸运，在喧嚣的市场中，可以保持安静、勤奋、专注和诚实，去做自己能力范围内的事情。

股改风云
推动格力电器股权激励

2005 年 4 月 29 日，股权分置改革正式启动。2005 年 5 月 9 日，三一重工提出了每 10 股流通股东送 3.5 股和 8 元现金分红的首家股改方案。首家公司的慷慨方案为股改对价建立了标杆，也为当时对全流通极度恐慌的市场注入了信心。

根据规定，股权分置改革方案必须经参加表决的流通股股东所持表决权的三分之二以上通过。由于控股股东被认定为关联方，要回避表决，因此流通股股东在股改中取得决定性的表决权。拥有前十大股东地位的基金及其基金经理，话语权之大、地位之高，空前绝后。是该为持有人争取长期利益，借机改善企业治理，还是被关系和利益绑架送股改人情？作为社保基金的投资顾问，归江所在的博时基金也不得不面临同样的抉择。

当时，有国际投资人介入国企改制，通过收购国有股并引入高管股权激励措施，获得惊人的投资回报。在股改政策出台后，归江敏锐地发现，流通股东也可以做类似的事情。如果拿出国有股东股改对价的部分股权，在达成合理业绩承诺基础上，按锁定价格转让给企业管理层，就可以把短期的送股红利转化为更持久的企业增长红利。归江选择组合中的佛山照明和格力电器，向两家公司的控股股东递交了相同的附加管理层激励条款的股改建议书。

"我们是第一次尝试投资于好产品和值得信任的团队，而不只是便宜的资产，就像巴菲特投资喜氏糖果。"归江说。但格力集团经营不善形成了巨额债务，已将持有的格力电器所有股权质押给银行。在巨大的债务压力下，珠海国资委已有转让格力电器股份的意图，正在与外资美国开利、日本大金接洽。时至今日，民族品牌因卖给外资而被消灭的故事，还在频频发生。

在博时的会议室里，归江在珠海国资委的领导面前算了一笔账。如果卖给外资再股改，按格力电器的净资产算只能估值 30 亿元。如果实施股改，建立股权激励基金，企业高管有了更强的经营动力，未来三年如果公司盈利有不低于 15% 的增长，3 年后格力的盈利就会从 5 亿元增长到 7 亿元，按 10 倍市盈率算卖给市场，至少可以增值 1 倍以上。

最后，开明的珠海国资委接受了归江的提议，把股改 10 送 3 股中的 10% 加上大股东额外拿出 2 000 万股，一共 2 639 万股，做格力电器高管的股权激励。此后，格力电器连续 8 年盈利增长，从 5 亿元增长到 75 亿元，含分红的市值，增长了 20 倍。国资委的股权增值远不止归江计算的 10 亿元，而是 200 多亿元。而高管掏出 2 亿元买到的 2 639 万股，税前增值了 40 倍，税后增值也在 20 倍左右，国资、流通股股东和高管都得到了丰厚的回报。当年担任股改谈判代表的董事在股东会上见到归江就会说，"是他帮了我们！"

有效的股改激励机制，把格力电器国有股股东、流通股股东和高管的长期利益第一次捆绑在一起，公司在治理上得到国资委层面的配合。2006 年 8 月，朱江洪升任格力集团董事长、法定代表人、总裁和党委书记，多年的父子之争阶段性落幕，随后，格力电器逐步收购了格力集团旗下相关的小家电、压缩机等业务，"格力"品牌也转让给上市公司。格力电器的竞争力在此后 8 年中持续超越几乎所有外资和民营同行，成为可能是首家超过千亿元规模的地方国有企业。即便近在咫尺的行业对手美的电器，其职业经理人的激励机制和产品竞争力也只能望格力电器之项背。

格力电器的股权激励方案能够成功，得益于两点有利因素：一是因为珠海特区的历史遗留政策，格力电器登记为集体所有制企业。因此，在国资转让审批上，地方自主权较大。二是珠海市委书记邓维龙非常关心地方企业的健康发展。邓维龙在担任湛江市委书记期间，归江在调研湛江电厂的时候就听厂长说：邓书记非常关心当地企业的效益，会主动帮助企业到省里面做工作。

而归江提交同样股改方案的佛山照明却没有如此幸运，其控股权被卖给了西门子下属欧司朗照明。8 年来，公司的盈利和股权增值只有 1 倍，当年资本市场的灯王和现金奶牛，被日益边缘化。在外资和民企的进攻下，佛山照明的市场占有率节节败退，研发创新一直难以突破，公司治理问题层出不穷。

在格力电器之后，新的国资转让条款已经封堵了这类方案出现的可能。"我觉得这是倒退。"归江遗憾地说。

然而，并不是所有老朋友都得到了归江的关照。2006 年 2 月，宇通客车提出了股改对价方案：给流通股股东每 10 股送 0.2 股同时现金分红 1 元，2006 年盈利增长不低于 15%。宇通客车的非流通股股东占比在 30%附近，难以承担较高的股票和现金对价，但归江认为公司有能力给投资者提供一个长期的业绩承诺，而公司坚持只承诺 2006 年的业绩增长和对应的增持承诺。经过民主决策，博时基金旗下的社保 102、博时精选和博时裕元成为宇通股改方案中唯一投弃权票的机构投资者。

虽然股改方案得以通过，宇通客车的老董秘齐建钢一直对博时投弃权票耿耿于怀。每次想起这位过早辞世的老朋友，归江只能默默地抱歉，既然选择了基金业，既然要为国家社保这样的老百姓养命钱打工，就只能锱铢必较，忠实地去履行自己的信托责任，没有任何私情可以动摇。不过，博时在股改中体现出来的专业性和独立性，却得到宇通董事长汤玉祥的高度认可。

排名末位
社保不离不弃

在股权分置改革启动后，A 股市场开始震荡上行。2006 年上半年，沪深 300 指数从 900 点上涨到 1 400 点，其间重组和有色等中小市值股票涨幅可观，而股价在净资产以下的上海汽车、中国联通、南方航空等价值股，就像泰坦尼克号一样，近乎绝望地要永远沉入大海。以 2006 年中期为节点看，归江带领的博时社保团队有史以来第一次地显著跑输市场和同行。要不要和自己钟情多年的价值投资爱人在甲板上诀别而另寻新欢？顽固不化的归江还能不能胜任博时社保投资负责人的角色？

幸运的是，理性的客户、国际第三方评级机构和博时的高管都在归江最困难的时候支持了他。时任社保理事会副理事长的李克平，鼓励博时社保团队：你们的风格很鲜明很独特，希望能坚持下去。为社保服务的一家国际风险评级机构也对博时社保组合给出了非常正面的评级，并建议给予最高配置。他们的理由是，当绝大多数组合都集中投资于热门股的时候，反而应该给少数坚持另类风格的基金加到最大头寸。博时总经理肖风，也修改了考核标准，加大了价值型基金经理 3 年期滚动收益的权重。

不到半年时间，归江以优异的业绩回馈了他的支持者。中国联通从 3 块涨到 15 块，南方航空从 3 块涨到 30 块。坚守冰冷的价值股，归江得到了在热门泡沫股里洗澡感受不到的愉悦。经历了 2006 年上半年一段时间的落后，博时社保组合的收益率再次集体荣登同行前列。

经历此劫后，归江深刻地理解价值投资在公募体系推行的难处。"没有互相信任的长线投资者，价值投资就是一句空话，可能反而让自己身败名裂。"在慨叹自己幸运的同时，归江经常惋惜那些在黎明前被客户和高管们抛弃在低点的价值投资同行。这可能也是归江在创办信璞后，用了两年时间才发行第一只私募产品的原因吧。

牛市求败
提前撤退　排名垫底

随着 2006 年股改进入高潮，流通股股东获得真金白银的送股利益，加之经济好转，股市的财富效应在老百姓中逐渐发酵。2006 年，股票型基金平均获得了 100% 以上的收益，基金成为备受老百姓追捧的香饽饽，2007 年 3 月，证监会在网站上挂出长文提醒投资者关注基金背后的风险，但是基金资产的净值依旧从 2006 年的 8 500 亿元增长到 2007 年的 32 700 亿元的规模，以全球瞩目的速度完成了 1 年 4 倍的跨越式发展。

2007 年 4 月中旬，归江去西双版纳开投资策略会，旅行社举着博时基金的牌子来接机。忽然有位出租车司机跑过来质问："你们怎么不在家看盘，却拿我们基民的钱出来旅游？"这样一个人口 40 万左右的偏远城市的出租车司机都知道博时，都如此关心基金的短期回报，归江被触动了。

就在这次会议上，归江以出租车司机的故事开头，摆出了美国资本市场 100 年道琼斯指数的估值图，还列出了资本集团创始人 Lovelace 谈论 1929 年逃顶的一段对话。

"你在 1929 年市场崩盘前撤出股票市场，信号是什么？"当被问到这一问题时，Lovelace 答道，"使我撤出市场的只是初级金融研究，大家都很看好银行，每个人都想拥有它们，每家银行都在以高出其存款额出售……这就是使我撤出市场的原因。"

在 2007 年中，大众最为青睐的招商银行，存款刚刚突破 8 000 亿元，市值已经从 6 000 亿元向 7 000 亿元迈进。而美国最好的富国银行资产是招行的 3 倍，盈利是招行的 6 倍，市值却只比招行高 50%。用这些历史和现实数字的对比，归江提醒投资人：我们离 1929 年的泡沫不远了，还有没有必要冒着失去本金的风险，去追逐最后 20% 的收益？

2007 年 5 月，归江从尼泊尔登山归来，带回来一幅安娜普纳峰的雪山照片放在办公桌前。"什么是雪山，那就是在炎炎夏日中还能覆盖严冰的地方。没有一种投资风格能够永久地统治市场，要做长期表现最好的基金，你就必须在泡沫的时候垫底。"归江给他的投资人和肖风都打了预防针："今年我要给大家垫底了。"

博时社保组合从 2007 年 5 月开始逐步减仓，主动求败。博时社保组合的排名持续下降，10 年一遇的巨额奖金眼看就要打水漂。但归江就像冲浪选手看见巨浪时一样兴奋。挑战自己"知行合一"的价值投资信仰和和投资者建立长期信任的时候来了。如果说，在君安高点减持 B 股和网络股他是作为追随者出现的话，那博时的社保组合在 2003 年的潜伏，以及 2007 年的战略撤退，无疑是归江和其价值投资团队打的一场真实会战。2007 年 9 月，在上证指数 5 000 点附近，社保理事会也展开了全面赎回权益资产的行动。在社保基金的年报里我们看到，在 2007 年社保基金的实现收益是 1 129 亿元，比 2006 年的 196 亿元的实现收益多出了近 1 000 亿元。中国之大，看来永远不缺冷静的、默默无闻为公众利益负责的人。

随着年金管理办法出台，以及在社保业务上建立的口碑，博时基金的年金业务在 2007 年很快进入行业前列。这些高位入市的长线资金，让归江面临艰难的抉择。但归江依然坚持，博时的年金组合只参与新股和债券，然而同行都杀入股市，博时年金组合一时排名最末。和同行收益率巨大的差异，引来了诸多压力。在 2007 年 6 月入市的招商银行年金，因为外包的全是股票资产，按照契约规定必须 3 个月内配置到最低仓位，归江却选择了自找麻烦的做法，在排名最差的时候，向招行年金委员会连打三次延期建仓报告。后来，当时的年金业务负责人、招行投资银行部总经理郑贤炳成了归江的好朋友。路遥知马力，到 2008 年底，归江领军的很多年金账户成为唯一获得累计正收益的账户。

归江的执着和坚持，得到了社保基金理事会的"另眼相看"。在 2008 年底，社保基金理事会首次公布了社保组合的管理人名单。在 12 个对外委托的股票组合中，博时成为业内唯一拥有社保 102、103 和 108 三个股票组合的基金管理公司。2009 年，博时又成为唯一获得社保海外投资顾问的本土基金公司。

就像水总是往低处流，在这样的业绩高峰期，归江却在考虑撤退。

国泰转型
用社保理念管公募

由于出色的社保业绩，归江一直是各公司挖角的对象。2008 年，老十家中成立最早的国泰基金找到了归江，"我相信国泰基金更需要变革，也能给我更大的授权来实践价值投资体系。"

归江一直有创业的想法，"因为合伙制应该是资产管理公司的最好组织形式，可以让专业的人作决策。"归江发现，美国不少主流对冲基金都是大学教授及其学生创办的，为了搭建优秀和稳健的投资团队，归江也考虑重回上海，希望能在母校得到更多的帮助。

2008 年底，归江告别给他 6 年社保管理经验的博时，他把自己多年总结的社保基金投资经验向博时同事作了总结和交流，以这种方式感谢博时同事们多年来对他的厚爱。

2009 年，归江出任国泰基金的投资总监。国泰希望归江接受两个任务：一是发一只价值型旗舰基金，由他担任基金经理；二是做好投资总监。在深思熟虑后，归江坦诚地提出，在有限的时间里只能做好一件事情。如果考虑到对投资人负责和公司业绩提升的整体大局，他宁愿选择后者，帮基金经理们搭好平台，做好投资。国泰高层最终接受了归江的建议。

对比社保和公募基金的投资行为，归江发现基金行业多数亏损来自于高估值去买好公司，比如在招商银行和中国平安上，也可能亏最多的钱。此外，公募基金过度分散化的投资，导致很多股票一旦套住，就只能采取鸵鸟式的敷衍跟踪。因此，归江在投资决策上重点把控好行业和公司的估值风险，同时把公司股票池和基金投资股票的数量都进行了大幅削减。把近20%所谓鸵鸟资产转移到更加确定的投资标的上，公司的整体业绩得到了显著改善。

2009年，国泰基金旗下股票型基金在银河证券的权益资产加权回报评估中迅速提升到行业第六名。国泰基金的投资人在这一年的绝对收益达到了近80%。同时也获得了6个专项基金金牛奖和1个公司金牛奖，获得金牛奖数量排名行业第二。

归江在国泰基金的实验证明，价值投资、长期投资的理念在公募一样有效。在短短的1年半时间里，归江在国泰基金原来的思想和系统上构建出一套价值投资框架，和国泰基金的同事们建立了深厚的友谊。国泰基金的领导者也以包容的姿态鼓励归江进行投资管理的探索。

在国泰基金同仁们登上领奖台的时候，归江却再次选择转身。40岁之前为乐趣打工的梦想在召唤着他，几位老搭档也在等待着他。

四十不惑
构建有信仰的组织

在公募基金的十年，归江一直期望构建一个有价值的团队，一个对社会、对企业、对客户有价值的团队。他给自己40岁订下的目标则是，要开始构建一个有价值传承、有信仰的长久组织。基于合伙人十多年的经验，他们对企业价值观，对员工、投资对象和客户都有了与众不同的理解。

2010年7月，归江与曾在国泰君安和博时两度共事的王璟第三次握手。2011年，原嘉实基金的基金经理徐晨光和资深研究员陈钢也先后加入信璞。他们期望创办一家对人才和投资文化有独特理解的企业。他们走访过数百家上市公司和欧美主流投资机构，也阅读了大量的企业家传记，现在轮到他们自己来做设计师了。

经过数日思考，创始人把新公司命名为信璞投资，英文名 Simple Way，意指走一条化繁为简的价值发现之路，探索复杂世界背后简单的本源。璞是藏在石头里的美玉，寓意着价值发现。历史上和氏璧的故事就代表了价值发现者的艰辛。当玉匠和氏把藏在石头里的璞玉献给楚王的时候，楚王不能识货反而把和氏的腿给砍了，当和氏璧雕成传国玉玺后，却被王公们争相宠爱，愿以城池相换。

"做投资何尝不是如此呢？每当重大投资机会来临之时，我们都面临着和氏一样的艰难。"归江说，"中国之大，却很难摆得下一张做价值投资的平静书桌。"

Simple 在英语中除了简单，还有"愚蠢"的含义，信璞希望在聪明人扎堆的资产管理行业里做一些"笨"的事情。比如从最基础的原始报表开始分析，做长期才能出成果的事情，拿着最冷门的产品去寻找客户。Simple 用蓝色代表公司走公开信息研究和投资于蓝筹股的道路。而在凝视 Way 的时候，多年艰辛的投资之旅让归江突发灵感，"用黑色吧！代表信璞要在价值投资和长线投资这条路上走到黑。

归江景仰威灵顿基金的创始人。因为他们不但自己创办了一个万亿美元资产的资产管理机构，同时还发掘了约翰·博格，帮助他创建了另外一家万亿美元的先锋基金。历史证明，资产管理行业的规模瓶颈，在于管理层对人才的包容度，而不是其他。为了找到优秀的人才，信璞在上海、山东和北京的高校实施实习生培训计划。"信璞愿意从头开始，选拔有潜质的优秀学生，进行学徒制的培养，传播价值投资理念。"归江一直感激家人，感激那些高校的图书馆，感激那些优秀的学长和同事，还有社保基金等长线投资者对自己的造就。"现在是轮到我们去造就更多有缘人的时候了。"

第谷一生勤勉观测行星轨迹，他的学生开普勒才得以发现行星运行的三大定律。信璞的合伙人也愿意做同样的事情，他们从不吝啬把自己的投资理念、投资常识和价值观传递给年轻人。希望这些有缘人能更早起步，做长期正确的事情。

"30 岁之前确立志向，找到终身的合作伙伴。到最优秀的组织，找最好的导师，而不是找高薪。40 岁之前实现财务自由，尽早从公司赎回自己的生命。"归江经常向学生们宣传这样的另类言论。

"优秀的人才在一起能够形成非同凡响的思想核聚变，信璞希望造就是这样的人才核反应堆，让优秀人才稳定而激烈地去释放大脑皮层的潜能。"归江表示，会保留每位员工从业以来的每一笔投资记录，就像运动员通过录像来矫正自己的动作一样，他们不断和员工们分享当年投资的得失，激起年轻人的热情，共同进步。因为这种胸怀，信璞的实习生计划和信璞博客成为行业里独特的风景线。

信璞借鉴了当年博时社保三剑客的管理模式。三位基金经理就像一个同时从山脚起步的登山队，在行业研究和风格上各有所长，投资行为上高度透明，互相借鉴又独立决策。在公司的组织架构上，信璞独创出自己的激励机制。职位越高，基本工资越低，越资深的员工收益越要和自己的投资能力、客户回报相挂钩。"我们希望信璞员工尽早和客户一起通过资本增值而不是工资来获取自己的收益，尽早为自己的乐趣打工。"

2010 年末成立的信璞投资，在 2012 年 5 月才发行他们的 3 只阳光私募产品。归江始终记得苏格兰人的"慢慢来"三个字。信璞也愿意拿出自己的，而不是客户的时间与金钱来承担公司初创风险，"我们用两年时间来组建团队，培育和我们价值观一致的员工和客户。"归江说。

投资本质
建立信任

　　十五年的投资经历，让归江深刻领悟了三大投资原则：长期投资，价值投资，责任投资。"我们只做长期正确的事情，而不会参与潮流。"价值投资解决的是在便宜的时候买好公司，便宜相对较容易定量，但是好公司和好人又要拿什么尺度来衡量呢？"投资越来越成为一门人和时间的学问"，归江说，授权于值得信任的专业人士，就是在借用别人的时间来实现自己的价值。如果能够找到信任的人，价值投资就可以变成长线投资。

　　在归江看来，交易屏幕这张面具背后，隐藏的是人和人之间的故事。芒格有句名言叫"不要和猪摔跤"。"我们努力让所投资的公司、客户和信璞逐渐成为价值观高度一致，有高度信任基础的一群人。通过对企业过往历史数据和行为的筛查，我们可以判断企业高管的行为逻辑和诚信程度，我们自己也保留从业以来所有的交易记录，供投资人评价我们的诚信、能力和做事风格。"归江表示，"我们不希望所投资的企业出丑闻，也杜绝自己投资过程中出现任何诚信瑕疵。"

　　"最本质的东西是眼睛看不见的。"归江说，如果用眼睛看，地球是平的，太阳绕着地球转。在投资世界里，眼睛和耳朵常常会欺骗你。"我们希望自己和投资者都能够变得理性，不仅用眼睛耳朵来观察事物，更要用逻辑与科学的体系来思考商业世界。"归江说。

　　在 2003～2005 年的三年中，格力电器的股价没有任何上涨。市场关心的是铜价上涨、行业竞争、凉夏带来的空调滞销以及格力的父子之争。只有归江负责的社保组合 3 年来一直保留在前 10 大股东的名单中，并不断买入。"这是我们第一次尝试投资于企业家而不是行业和市场环境。"在归江看来，投资的本质，是人和人之间相互信任的纽带，在危难之中的扶助，冷漠之中的关爱永远是人性中最美好的信任关系。"社保给予我们信任，我们也给予格力电器信任。我们收获的不仅仅是投资收益，更是一种可以延续一生乃至数代人的信任关系。"

近10年来，归江坚持每年和格力电器的高管交流一次，更多内容涉及企业的长期经营理念和规划，从不谈及短期业绩。格力电器的前董秘刘兴浩告诉行业研究员，"归江来公司和打电话的次数很少，但他从格力身上赚的钱却是最多的。"因为信任越来越多，沟通反而变得越来越少。归江相信，闭上眼睛才能看到最本质的东西，因为有信任他的社保基金等长线投资者，归江才能如此坦然，不在意组合内股票的短期业绩。

不过，不关心短期业绩的归江，却会从另类的角度去看公司，即使对老相好企业，他也会用很严格的眼光去审视。比如，有公司近几年业绩大幅增长，企业的人均工资却在 5 万元左右徘徊不前，而行业其他龙头企业的人均工资已经达到 10 万元以上。当投资者利益高过职工利益的时候，归江开始担心，企业长期理念正在受到短期资本利益的挑战。

归江表示，拥有更多值得信任的人，意味着拥有更多的生命。巴菲特从几百万美元周边的亲友资产起步，没有风险控制部门，却管理着全世界经营业绩最好的公司，巴菲特对人和管理本质的理解，已经超越了所有商学院的教材。绝大多数人在信任危机的煎熬中，消耗了他们大部分的生命。没有信任的地基，资产规模往往只会压垮而不是造就一家机构。

投资于各个行业中最优秀的企业，不仅是出于风险控制和收益的考量，在与这些企业家前辈的交往中，归江从他们身上得到的是几十年产业经验积累起来的管理真知。正如他的老搭档王璟所说，"我们是站在河边欣赏着流水的孩子。"如果说投资收益是鱼，归江与他的合伙人却觉得最有价值的体验，其实是河边的美景。

归江发现，宇通客车和格力电器经历过一段同样的历史，那就是民主选贤。就像共产党在最困难的时候选择了毛泽东一样，这两家企业也在经营最困难的时候，由职工选举出企业的领军人物。相对于二级市场投资者，企业职工对管理团队的理解更为客观，对企业的长期利益也更为关注。因为企业职工的换手率要远低于流通股东的换手率，企业职工的生活质量和企业长期经营息息相关。事实上，大量优秀的德国企业的治理，正是建立在职工委员会而不是股东会上，才得以逃避资本的短期逐利行为，打造出卓越的产品和品牌。

在研究宝马汽车和欧莱雅等国际上的行业标杆企业时，信璞发现，这些企业的领导人几乎都是从基层干起来的，几乎都是二十年的基层工作经验，二十年的高管经验。正因为来自基层以及对企业的长期感情，企业家会用对待自己家庭一样的长远眼光来经营这些企业。

"这也许意味着，国企治理成败的关键，是如何让企业自身培养出企业家，而不是成为国有股东权力寻租的场所。"归江说。

正如静水才可能深流，因为关注于长期、专注于优秀的企业，因为透视到企业的历史和治理层面，归江和他的团队已经习惯以经营者的角度去观察和思考企业。长线经营的理念因此也深入骨髓地渗透到信璞的投资组合中。

财富本质
传递关爱

在与投资者不断地碰撞中，归江也在不断地思考财富的本质。"《自私的基因》一书告诉我们，社交环境和家庭言传身教已经形成所谓的社会基因，对现代人类的影响已经大大超过父母遗传基因的影响。因此，我们交往人群的获取和支配财富的方式，也会像基因一样影响并改变我们和下一代的财富宿命。"

西班牙历史上曾依靠掠夺南美部落的黄金来建立国家财富体系，但他们不但没有经营好这笔财富，而且使西班牙语系国家始终成为百年来经济危机发生频率最高的地区。而依靠工业革命起家的英美国家，则建立起鼓励勤俭创新的法律、宗教和文化体系，社会财富得以持续增长。不得不承认，这些祖辈们的财富因果的确像基因一样客观真实地在其后代中复制了。历史证明，来自投机和运气的财富实在很难传承。

归江发现，真正能隔代传承的财富，往往不是简单的实物和数字，而是精神层面的教育和价值观。在美国，财富传承超过3代的梅隆和洛克菲勒家族以及德国的克虏伯家族，他们的创始人都以自己的行动和家书，向后人传导价值观。苏格兰裔的梅隆财团创始人老梅隆不但写下厚厚的家书，还经常带着孩子们传唱苏格兰诗人彭斯的诗：

为了看到财富女神金色的微笑，

我会一心一意地守候，

用正大光明的手段，

积累每一份财富。

欧洲大陆最富有的克虏伯家族的祖训是：会计、金融和估算是行商的第一要务，你务必认真研习直至完全掌握为止。接下来要小心不要轻易受人影响而误入歧途。洪水已经退去，相信很快就会见底，那时我们就会看到真相：少之又少的金子，更多的是遍布的旧瓶子。

"在巴菲特看来，衡量你成功的标准，是有多少人在关心你，爱你，金钱不会让我们更幸福。"归江希望能够向员工、投资人、投资的公司甚至更多的有缘人，传递爱和关心，而不仅仅是金钱。

在民航业，机师没有降落伞，飞机失事的时候他们必须和乘客同命运。而在资产管理业，投资者拿的是资产，基金经理收的是现金，可以在飞机失事前提前抱着降落伞走人。因此，投资组合的资产泡沫化是基金经理的最优选择。而巴菲特和少数负责任的投资机构的不同之处，是系紧安全带，扔掉降落伞，把自己的资金、信誉和投资人放在一起去坐飞机。在2013年，创业板泡沫再起的时候，归江和他的团队仍选择坚守价值，与投资者共命运。

归江和他的信璞合伙人，采取了最简朴的创业模式。他坚持把办公室放在住宅而不是写字楼，既节省了创业期的开支，也让员工们能远离市场的喧嚣，保持独立思考。他希望有一天，公司能够有更加安静的归处。

在归江看来，企业家汇聚了大众的劳动形成财富，就像太阳把水蒸气汇聚到了雪山，成为江河之源。水能泽被万物，也会泛滥成灾。而投资机构就是治水者李冰，需要把握水性，因势利导，建造出都江堰，把滔天的雪水驯服为涓涓的细流，福泽万亩良田和百万大众。这就是归江和他的团队的理想。他们愿意和合作伙伴们在都江堰边浅酌啤酒，聆听涓涓细流和欣赏万亩禾苗的抽穗。大众的信任和投资发现的乐趣，将是他们留给自己最宝贵的人生财富。

江作良

"风烟俱净，天山共色，从流飘荡，任意东西"，江作良荡惠正投资一叶扁舟重现江湖。

曾经光环炫目、叱咤风云，如今恬然自适、寄情佛老；起起伏伏，兜兜转转，云卷云舒，花开花落……江作良那里，有真正的故事。

江作良：淡泊自守　严谨投资

在广州珠江新城保利大厦 27 层惠正投资会议室，记者见到了曾在公募基金业大名鼎鼎的易方达基金前副总经理、投资总监江作良。他身着深色的短袖 T 恤，一如既往的朴素无华。但脸上的表情，比在公募基金时要轻松很多。

在五年前离开易方达之后，江作良开始研究佛学，读了很多佛经。对生命，对投资，他有了全新的理解。

江作良特别喜欢苏东坡的两句诗：千江有水千江月，万里无云万里天。对于现在的江作良来说，生命的终极目标，就是能够不断修炼自己的内心，达到这样一种宽广、开阔的境界。

"至于物质、地位，最后都是浮云。"他微笑着说。

自强不息
走进广发证券

江作良于 1966 年出生在广东茂名信宜的一个小乡村，因为生活艰难，初中毕业后，他没能继续念高中，而是就读于茂名市广东高州中等师范学校。家境贫寒的江作良从小就很懂事，学习也异常勤奋，因为成绩优异，中师毕业后，被学校保送读大专，大专毕业后又被保送读本科。

本科毕业后，江作良回到茂名小学教育学院当数学老师，但他仍不能安于现状，有一种向上的力量在牵引着他继续向前，他一边教书，一边勤奋学习，准备考研，两年后，他考上了上海财经大学的研究生，攻读财会专业。

江作良至今仍然觉得自己很幸运，他的很多同学当了一辈子小学老师。在上海财大读研时，同学之间谁有台传呼机，都很令人羡慕，他从没想过自己将来能做基金经理，替别人管钱。"也许冥冥中自有安排吧，我的人生路上，因为太多的偶然，才走到今天。"回忆往事，江作良感慨地说。

上海财大毕业前，命运又一次眷顾了江作良。1993 年底，江作良硕士毕业前，开始找工作，因为想回广东发展，他选择了广发证券，一脚踏进了刚刚起步的中国证券业。那时，他对证券市场不太了解，对证券是什么也不太清楚，懵懵懂懂地就来到了广发证券。他的很多同学都去了银行，他还记得浦发银行行长亲自带队到上海财大招聘，很多优秀的同学都应聘去了。因为上海财大是财政部部属院校，在体制之外就业，还要交培养费，广发证券还帮他交了一万多块钱培养费。1994 年初，江作良顺利到广发证券报到，短暂地做了一段时间咨询工作后，江作良被调到投行部，跟着同事做了一些投行项目。虽然只有大半年的时间，早期发行市场的混乱，给江作良留下了深刻印象。

当时，上市公司财务造假非常普遍，为达到上市标准，拼凑资产、做假账等违规手段大行其道，某种程度上，上市公司就是一个被炒作的符号。券商投行业务则以拉关系见长，能喝酒要比懂证券发行知识更重要。

"最重要的是指标，只要能搞到上市指标，公司可以随便包装。"江作良回忆道，在做第一个项目时，财会专业出身的江作良要求看公司财务报表，结果发现该公司把租赁的土地评估成了公司资产。早年的投行经历，让江作良对上市公司有了最初步的认识。

黑夜给了我黑色的眼睛
我却用它寻找光明

1995 年初，江作良被调去做公司自营，正式开始投资生涯，一开始只是一个投资小组，后来在这个小组之上成立了投资理财部。当时，中国经济正处于宏观调控之中，股市一路下跌，非常低迷。

江作良很快就显示出投资方面的天赋，理性而敏锐。由于股市低迷，当时有一批老基金普遍处于折价状态，他看中了其中的套利机会，建议公司集中投资老基金。江作良开始陆续买入广州、沈阳的几只老基金，没想到，他本为套利而买入的举动，在市场引起了热烈的反响，点燃了各路机构炒作老基金的战火。在获利 30% 以后，江作良开始卖出，没想到，在他离场后，对老基金的炒作变得越来越疯狂，有些基金涨了五六倍，甚至有人提出应该给基金市盈率。

早期的证券市场极不规范，频频出事。1995 年 2 月 23 日，上海证券交易所发生了震惊中外的"327"国债期货事件，管金生由此身陷牢狱，上交所创始人和第一任总经理尉文渊被免职。江作良表示，时隔 20 年之后，再来看这一事件的确很荒谬，但这就是历史，在当时，操纵市场、打听消息是非常普遍的现象。"327"事件对江作良产生了巨大影响，万国证券当时是最有锐气的券商，管金生更是国内证券业教父级人物，有理想有抱负，却如此收场，令人十分唏嘘。"我最大的感触是，任何人任何机构，不管有多么强大的背景和雄厚的资金，想违背市场规律操纵市场都不行，即使是某一个历史阶段提供了这种机会，可以获得一时的超额收益，但最终一定会受到惩罚。"江作良至今仍颇有感触。

诗人顾城说，黑夜给了我黑色的眼睛，我却用它寻找光明。某种程度上，高度投机的"327"事件，反而在江作良的思想中播下了价值投资的种子。

1995 年底，在股市最低迷的时期，由于宏观调控后银行整体资不抵债，很多人都认为会出现严重的金融危机，因为用国际标准看，四大商业银行应该全部破产。在一片悲观的声音中，江作良却乐观预言，会有一轮牛市。

当时，很多业绩优异的股票价格都非常低，四川长虹、深发展都只有几倍的市盈率，江作良非常看好这些低估值的股票，并且大举买入。中国股市历来有炒小股票的传统，当时有朋友很不看好他买的这些股票，认为是高价大盘股。1996 年，大牛市到来，深发展、四川长虹成为绩优股的代表，率先大涨，江作良的自营盘收益颇丰。

在绩优股赚钱效应带动下，这一轮牛市从一开始的价值发现行情，渐渐演变成资金推动的做庄行情。当时没有设立涨跌停板制度，很多个股暴涨暴跌，最极端的例子是东北电一天上涨一倍多，厦海发有一天尾盘突然从 6 元多拉到 18 元收盘，一天涨三倍，第二天却以 12 元低开，而且交易放出巨量，操纵非常明显。"我们都看得瞪口呆。"江作良说。

1998 年，早期股票投资异常活跃的君安证券宣布出事，公司董事长、总经理双双入狱。这一事件，再次带给江作良巨大的冲击。

1999 年，在政府的支持推动下，"5·19"行情爆发，网络股、科技股暴涨。因为反应不够及时，广发证券基本空仓，面临踏空的风险，江作良建议，买入当时在 1 元面值附近、还没怎么上涨的封闭式基金，广发证券领导对这一提议十分认可，动用十亿元资金买了华安、华夏、南方等公司旗下的封闭式基金，后来封闭式基金大涨了一倍，江作良在获利 50% 之后卖出。

在"5·19"行情后，庄家行为越来越肆无忌惮，几乎是"无庄不成股"。2000 年 10 月，《财经》抛出《基金黑幕》一文，对基金在投资中的不规范行为提出了质疑，基金业为之震动。

2000 年 12 月，中科创业连续 9 个跌停，创下当时中国股市最大跌幅纪录。令人难以置信的是，2001 年元旦刚过，庄家吕梁从幕后走到台前，主动联系媒体，讲述中科创业股价跳水后面的庄家故事，一场规模空前的庄家操纵市场案于是浮出水面。

2001 年初，经济学家吴敬链在接受央视采访时表示：中国股市很像赌场，而且很不规范。赌场还有规矩，而在股市，有些人可以看别人的牌，可以作弊，可以诈骗、做庄、炒作，操纵股价可说是登峰造极。这一言论切中时弊，被广泛传播。

广发证券的创始人陈云贤时任公司董事长，同事都称他为陈博士。在当年非常浮躁的市场环境中，陈云贤一直保持着理性，1995 年提出广发证券要建博士军团，并提出了"知识图强"的公司口号。1996 年，陈云贤意识到营业部挪用客户保证金炒股风险巨大，广发证券率先把营业部的数据全部集中，剥夺了营业部的自营权，后来，各大券商的营业部频频出事，广发证券却安然无恙。

"陈博士当时常讲，券商不是看谁活得好，而是看谁活得长，不要冲得太快，不要成为阶段性的牺牲品。"陈云贤的话，深深影响了江作良的价值观，能够一入行就待在广发证券，他感觉很幸运。

2001 年中，股市泡沫破灭，很多券商因为委托理财、挪用客户保证金炒股出现巨额亏损，广东证券、华夏证券、南方证券都纷纷出事。当时券商都在其他公司的营业部开账户做自营，很多券商在外面一大堆窟窿，但一直谨慎经营重视规范的广发证券不但没有窟窿，还有相当的盈利，后来慢慢都体现出来。经过一轮熊市，当年很多风光一时的券商都不存在了，而广发证券的资产质量还很高。在江作良看来，当时很多券商为什么亏大钱，有些是投资能力的问题，更多还是道德风险的问题：老鼠仓非常普遍，在低位把公司持有的股票卖给个人，然后拉高股价，用公司的钱把自己买的股票接走，长此以往，公司的投资当然做不好。就在这样混乱的市场环境中，江作良在不断成长。虽然不可能完全脱离市场，但江作良的底线是，不搞利益输送，不做老鼠仓。"当时的总经理马庆泉也常告诫我们，君子爱财，取之有道。"这句话，江作良记得特别牢。

在早期，广发证券理财部赚钱不是最多的，但做得比较稳健。"广发证券当时重点投的一些股票，都是在上涨时抛掉的，也不可能有利益输送。"他说。

陈云贤对江作良的评价是：江作良做投资，没有交过学费。说到这里，江作良笑了："做投资，哪能没有亏过钱，但我的确是没有亏过大钱，也没有用公司的钱来谋取私利，没有给公司带来巨大的风险。"虽然中间有波动，按年度算，江作良的确每年都在赚钱。

1999 年，在投资方面表现出色的江作良，被任命为广发证券研发中心的副总经理，2000 年底，江作良被调回理财部，任总经理。

早期的投资经历，对江作良产生了巨大的影响：像广发证券这样相对规范经营，虽然赚不到快钱，也不怎么风光，却有长久的生命力，拉长时间，一定会发展得好；而操纵市场，用不规范的手段赚钱，最终很可能害人害己。

在坐庄大行其道的年代，因为感受到其中蕴藏的巨大风险，江作良会尽量买入一些有基本面支持的个股。"业绩好的公司，不需要控盘，也比较容易引起市场的共鸣。"在实践中，他总结出了这样条简单的真理。

很快，江作良这一朴素的认识，将发展成照耀整个市场的价值投资理念，而他也成为公募基金价值投资的先行者。

但开风气不为师
引领基金价值投资潮流

2001 年 4 月 17 日，易方达基金公司获准成立，在公司成立前夕，江作良从广发证券来到了易方达基金，出任投资部经理，主管易方达的投资业务。

刚开始，外面还有人来找江作良，想让他帮着做一些操纵股价的事情，江作良想都没想就拒绝了。早期证券市场的混乱给他留下了深刻印象，他深知操纵市场的危害，根本不用考虑就可作出抉择。

见过了太多机构、个人在市场浮沉中经历的荣辱兴衰，江作良决心与市场主流的投机方式决裂，走出一条自己的投资之路。6 年多的投资历练，让江作良对上市公司价值，有了从肤浅到深入的理解，虽然当时还没有人相信价值投资，江作良却敢为天下先。

在庄股横行的 2001 年，江作良领导易方达投研团队，开始了小众的价值投资实践。他们没有兴师动众地请海外顾问，没有高薪聘海归，没有炫目的理论架构、流程模型，就是按照朴素的价值投资理念，运用基本面分析的方法，开始了中国证券市场上最早的价值投资之旅。

2001 年 7 月，易方达旗下三只封闭式基金科汇、科翔、科讯完成扩募工作。当时，上证综指在 2 100 多点，正是那一轮牛市行情的最高点。江作良深知，在这个点位入市，风险非常大。按契约规定，基金必须在半年之内建仓，应该买什么股票？江作良提出了选择双低型股票的投资策略，所谓双低即低市盈率、低价的股票。

股市的巨变很快到来，泡沫破灭的速度超过大家的想象。2001 年 8 月初，《财经》杂志推出封面故事《银广厦陷阱》，揭露了大牛股银广厦造假的真面目，很快，中国证监会就对银广厦正式立案稽查，多名涉案当事人被移交司法机关。9 月 11 日，银广厦复牌后连续 16 个跌停，从 30 多元一路下跌至 4 元多。银广厦事件拉开了熊市的序幕，许多所谓绩优股的真实面目被揭穿，均以数个跌停板的姿势价格回归。

伴随着上市公司违规作假、庄家恣意操纵股价等一系列问题相继曝光，投资者信心受到极大打击，投资欲望降至冰点，纷纷撤离股市。

在 2001 年的暴跌后，中国证券市场开始渐渐走上规范之路，投资者也开始反思过去那种粗放式做庄的弊端，并寻求一种健康良性的盈利模式，而在基金黑幕之后，基金业也在寻找新的投资模式，江作良的价值投资理念，与市场的这种变化可以说是不谋而合，某种程度上，可以说是引领了这种趋势。

面对巨大的系统性风险，在市场浸润多年的江作良并不惊慌，而是在泥沙俱下的暴跌中寻找投资机会。他带领易方达投研团队深入调查公司、深入分析公司，他们选出了中联重科、上海机场、安琪酵母、烟台万华等股票，这些个股后来都有非常出色的表现，走出了几倍到十几倍的行情。

江作良现在还很怀念早期的工作氛围，当时投资部只有十来个人，大家天天在一起讨论，争来争去吵来吵去，把公司讨论分析得很清楚。

这种讨论的模式，渐渐变成了一种制度，每周两次固定时间开会，讨论研究员的报告，通过思想碰撞，互相启发，这就是基金业最早的投资研究联席会议制度。2001年中，易方达率先建立了股票备选库制度。

江作良心中酝酿多年的价值投资理念，在易方达的土壤里渐渐生根开花，很快，将结出丰硕的果实。

2002年，股市不断下跌，被市场抛弃的周期类股票开始进入易方达的视野。江作良认为，经过前几年的调整，中国经济将走向复苏，他们陆续买进了扬子石化、宝钢股份、招商银行等周期类股票。这些股票非常抗跌，2002年，在上证综指下跌23.87%的情况下，基金科汇以0.99%的业绩，在可比的19只基金中排名第一，易方达脱颖而出。

2003年，新一届政府上台，中国经济进入新一轮高增长周期，石化、钢铁、汽车、电力和银行五大行业盈利大增，被称为"五朵金花"。基金经过深入研究，较早地发现了这五大行业的投资机会，并有效地引导了市场投资方向，A股市场进入价值投资新时代。而最早开始价值投资实践的易方达，站在了价值投资的最前沿。2003年，基金科翔、基金科汇位列封闭式基金净值增长排行榜冠、亚军。2004年，由于经济过热，政府开始宏观调控，股市进入慢慢下跌阶段。易方达旗下基金依然保持了优异的业绩，基金科汇、基金科翔分列封闭式基金第一名、第三名，易方达平稳增长基金排名列全部开放式基金净值增长第三位。

易方达横空出世，令业内震惊。易方达独特的投资研究体系，一时之间，为业内所称道。易方达的备选库制度和投研联席会制度，成为业内其他公司学习的榜样。监管层开始在基金公司推广备选股库制度。

当时有客户到公司调研，觉得易方达很特别，有些客户还要求参加他们的投研联席会，听他们怎么讨论企业。

"易方达投研会是非常锻炼人的，你如果没把上市公司搞清楚，没底气，是不敢上这个会的。"易方达董事长叶俊英曾如此评价。

在易方达投研人才的培养方面，江作良倾注了很多的心血。易方达每年都会招一批毕业生，基本上由老同事传帮带，"我们身上都有很深的江总的烙印。"易方达一研究员表示。

在自下而上选股方面，江作良的功力很少有人能与之相比，因此在易方达，江作良很有权威。但他也很平易近人，他一贯的做法是让大家敢于表达自己的看法，自己扮演的角色是不断提出新问题，引导他们。"江总从来都是在完全公开的场合跟基金经理讨论问题，包括对宏观经济的看法，对股市的看法，他也从来不要求基金经理研究员听他的，更不会要求基金经理买卖什么股票。"易方达一基金经理说。

2004 年 10 月 23 日，全国社保基金理事会公布增加 4 家社保基金投资管理人资格名单，易方达以优异的成绩在 29 家参评基金公司、证券公司中脱颖而出，获得社保基金管理人资格。那一次社保选秀，有很多合资公司参与，它们的外方股东都是全球顶尖的资产管理机构，易方达却无可争议地获得了第一名，江作良觉得很自豪："我们准备了很长时间，对业务发展思路和操作流程做了系统的总结和提炼，感觉在思想认识上又提升了一步，进一步确定了过去的投资方法，实践起来更加自如。"

从 2001 年到 2005 年，证券市场经历了四年多的熊市，上证综指从 2001 年 8 月的最高点 2 245 点，到 2005 年 6 月 6 日跌穿 1 000 点，指数下跌了一半多。而在上证综指 2 100 多点开始建仓的基金科汇有 50% 左右的盈利，基金科翔也有 30% 以上的盈利。

江作良笃信价值投资，并且在实践中摸索出了一套行之有效的方法，这是易方达价值投资在早期能够成功的关键性因素。易方达董事长叶俊英对他十分认可，"江作良做投资的时间比较长，对价值投资的理念和方法，发自内心地相信，所以，执行起来也比较到位。"

江作良带领易方达的投研团队用实践证明，价值投资的理论和方法在中国一样可以成功。

寻找基本面与市场的共鸣
批量挖掘熊市牛股

有过多年投资经验的江作良，对于股市的运行规律有着深刻的认识，他倡导的价值投资，并不孤立于市场，对于宏观经济、市场趋势，他都有自己独特的理解和把握。

在 2003 年经济复苏之后，江作良对中国经济一直持积极看法。在 20 世纪 90 年代后期，朱镕基总理提出要启动汽车和住宅消费，以拉动经济，很多人认为这很难实现。江作良却很乐观，在他看来，住宅、汽车与过去的彩电、冰箱比，是大级别的消费品，对经济的拉动效应将非常强劲。

江作良认为，股市连续下跌的根本原因在于股权分置问题没有解决，在 2005 年 4 月股权分置改革启动之后，江作良变得非常乐观，股市却仍跌跌不休。2005 年 6 月初，在上证综指跌至 1 000 点附近，江作良公开表示，很多股票存在明显的投资机会。

2006 年，股市开始走牛，CPI 出现了不断攀升的势头，2006 年 3 月 CPI 同比增 0.8%，到 2008 年 4 月 CPI 同比增 8.7% 见顶。一个普遍的观点是，通胀会导致企业成本增加，所以，通胀无牛市。江作良却认为，在一个很强的经济周期，通胀与牛市可能并行，比如日本、亚洲四小龙经济腾飞时期，有一个共同的特点，就是GDP强劲增长、通胀上升、利率上升、股市大涨。他比喻说：进入成长期的中国经济就像小孩子，身体的平衡容易被打破，所以常常会发烧。

2006年7月，上证综指在1 600点左右徘徊，很多人开始担心指数已经见顶。而江作良在接受中央电视台二套的专访时说：自从我进入证券市场，从来没有感受如此强烈的投资好感，只要基本因素没有实质性改变，牛市的惯性和驱动力依然未变，牛市的力量可能超乎想象，不排除在2008年左右沪指涨到5 000点的可能。他的这一观点在当时颇为轰动，连续两周在新浪点击率排第一。

江作良对于产业周期也有深入理解。2005年底江作良曾建议一位做工程机械的朋友多备货应对来年的行业增长，这位朋友不信，结果，2006年工程机械行业全面复苏；2006年5月，江作良在与一钢铁企业的老总聊天时，这位老总对自己公司的股票不涨感到困惑，江作良告诉他未来一年内该公司股价会涨一到两倍，这位老总不信，2007年钢铁行业果然出现反转。

超强的公司分析能力，再加上对经济周期、产业周期、市场趋势的深刻理解和准确把握，江作良带领易方达的投研团队，独步公募基金业。

在2001～2005年的低迷股市中，通过自下而上与自上而下相结合的深入研究，易方达挖掘出了一大批熊市里的牛股，为易方达旗下基金贡献了丰厚的利润。翻开2001年第三季报，科汇、科翔、科瑞的第一大重仓股均为中联重科。2000年上市的中联重科并不引人注意，在上市以后跟随指数走出一轮行情之后，从2001年下半年一直到2006年初，中联重科一直处于大的箱形振荡整理中。江作良的投资逻辑是，中国城市化建设刚刚开始，施工工程机械化将大大提高基础建设的效率、速度和质量，工程机械行业未来发展空间巨大。当时，市场并不认同这一点，江作良却坚信自己的判断。

2006 年，大牛市开始，中联重科开始缓慢上涨。与此同时，城市化渐渐成为中国经济的热门词汇，房地产、工程机械开始受到市场的热烈追捧。中联重科与三一重工并列为工程机械的龙头公司，从 2007 年中联重工开始加速上涨，从 2006 年 1 月 4 日以 6.31 元开盘一路上涨到 2008 年 1 月 3 日 119.35 元（后复权），两年涨幅近 20 倍。

在早期，因为旗下基金持股集中度较高，一度引来市场人士对易方达的各种猜测和误解。一位研究员在点评易方达时这样写道：公司长期坚持群狼战术，对于看好的优质上市公司往往采取集体买入并长期持有的策略。对此，江作良表示，这跟易方达的管理模式有关，因为在公开环境下讨论个股，比较透明，容易形成趋同的判断，最终表现为投资的趋同，集中持股是结果，不是手段。

江作良表示，"战术这个词是有组织的，很容易被人理解为是主动把股票价格拉抬上去，我从没有组织过，我没有权力让基金经理去买什么股票，也绝对不会主动干预一只股票的价格。"

有一度，市场盛传，江作良因为做庄被抓，"我听了都好笑，怎么可能呢，我们压根儿没做过那些事。"

2004 年第三季度，易方达参加社保选秀，因为有各种市场传闻，为了自证清白，易方达旗下基金在 40 元左右卖出中联重科，易方达很快卖完了重仓持有的中联重科，根本不存在流动性的问题，当然也不存在操纵股价的问题，但没想到却抛了个底部，错失了投资者梦寐以求的 10 倍股。

不过，运用同样的逻辑，因为看好大建设推动的经济，易方达抓到了另一只大牛股：2004 年第二季度，易方达以 5 元多的价格买入万科，到 2007 年 11 月，万科复权价涨到 100 元以上，涨幅接近 20 倍。

上海机场是易方达价值投资的经典之作。2002 年第一季度，上海机场跌至 8 元附近，易方达旗下基金开始买入，2004 年，上海机场的业绩大幅提高，上海机场成为熊市里的牛股，到 2005 年 6 月 6 日，上证综指盘中跌破 1 000 点，而上海机场当天以红盘报收，收盘价为 15.99 元，较易方达最早的买入价涨幅近一倍。江作良在接受媒体采访时说，"我从没去过这个企业，我们的研究员也很少去，我们全部是通过公开的资料进行研究。"至于公开信息是否可信，他说："信息要靠理性分析，要找许多相关的数据印证。"到 2007 年 8 月，上海机场创出 80 多元（后复权）的最高价。

扬子石化也是易方达早期价值投资的成功之作。2002 年底，易方达石化研究员潘峰（现任易方达研究总监）从行业的角度提出石化景气周期会出现，大家讨论后，都认可这一观点，江作良亲自带队到公司调研，没想到，扬子石化自己不认同这一看法，很多大机构也不认同易方达的观点。但江作良并没有改变自己的看法，"我们经过反复讨论，确认石化行业会复苏，2003 年初，易方达旗下基金以 4 元多的价格，大举买进扬子石化。"

很快，"五朵金花"行情爆发，石化行业作为盈利增速最快的行业，备受市场追捧，扬子石化作为最有代表性的石化公司，一路上涨，到 2004 年 3 月 24 日创出 14.9 元的最高价，一年的时间，扬子石化涨幅在 3 倍以上，为易方达旗下基金贡献了丰厚利润。

2001 年，中国正式加入世贸组织，之后，中国外贸出口快速增长，2003 年，集装箱行业景气度很强，第四季度，在中集集团最低位 14 元附近，江作良果断作出买入的决定，到 2007 年 9 月，中集集团涨到 160 元（后复权），涨幅超过 10 倍。总体上，易方达旗下基金在这只股票上赚了近 30 亿元。

江作良很早就看好品牌消费，易方达旗下基金早期的重仓股中，就有同仁堂、青岛啤酒等。2004 年第三季度，易方达以 30 多元的价格买入贵州茅台，到 2008 年初，贵州茅台涨至 1 000 元（后复权）附近，到 2012 年 7 月 16 日涨到 1 292.56 元（后复权）的历史最高价，涨幅 20 多倍。

"我们也错过了很多牛股，比如张裕。"江作良表示，因为研究员提出在国外没有大的葡萄酒企业，易方达就没有买入张裕，但这是没有深入研究带来的失误，后来江作良发现，美国有一家葡萄酒企业的规模相当大，占美国市场的30%。苏宁电器堪称江作良价值投资最经典的作品。2004年7月，苏宁电器上市，江作良较早就对该公司作过深入研究，在上市当天即倾力买入。江作良告诉记者，苏宁电器的开盘价是易方达开出来的，当时大家普遍预期的开盘价在20元左右，易方达输入的价格是30元，最后开盘价是29.88元，当天一半的交易量是易方达买的。当时多数机构预测苏宁电器的业绩在1元多，江作良判断会有2元多。为什么江作良能够作出独立于大多数机构的判断，坚定买入并持有的决心？在苏宁电器上市之前，江作良对整个零售行业都进行了非常系统的研究，他发现苏宁电器开店成本很低，基本上一年就可收回成本，他断定苏宁电器这种开店模式会传染得非常快，公司未来的（扩张性）成长会出乎大家的意料。当时，就连易方达内部对苏宁电器的分歧也很大，有些基金经理并不看好，只能等待市场的检验。市场很快印证了江作良的判断，虽然股市在不断下跌，苏宁电器上市之后却一路上涨，到2005年4月14日，创出70.25元的新高，在不到一年的时间，涨了两倍多。然而，行情还只是刚刚开始，因为超预期的业绩增长和全新的商业模式，苏宁电器开始受到各路机构投资者的追捧，一路加速上场，到2007年10月10日冲高1 348.49元（后复权），从上市开盘以来的涨幅为40多倍，最早最坚定看好的易方达，赚得盆满钵满。

2008年，易方达在高位开始卖出苏宁电器，"卖出的原因是，我觉得它对市场的覆盖已经比较大了，未来的成长速度可能会下降，估值也会下降。"江作良说。

在江作良看来，牛股产生的基础，是行业发展与企业发展产生共振，加上市场对企业的理解形成共识，产生很强的共鸣。"当大家对某个问题的看法趋于一致时，就可能推动某类公司的股价走向一个方向，当大家的看法高度一致的时候，往往会走过头，甚至远远偏离价值。"

在江作良看来，对于公募基金的投资来说，在理解基本面的前提下，把握大众可能的一致预期也是很重要的，虽然这种一致预期可能会出错，但你只要提前一步介入，就能赢。

江作良表示，共鸣点投资不是看什么热炒什么，也不是看大盘。2011年初，对高铁的投资非常热，但江作良研究认为，高铁的投资已过了高峰期，他放弃了高铁，选择了环保，结果证明他看对了。"如果你对共鸣点投资理解得比较透，可能会重复赚钱，如果你一知半解，那就是跟风。"他说。

现在回过头来看，江作良认为，易方达价值投资能够成功，很大程度上得益于中国市场经济发展了二十多年后，一批优势企业正在成长，体现在证券市场，就是有很多好的投资标的。"用价值投资的方法，就能把这些优势企业找出来，而且当时很多人不相信价值投资，很多好企业没有被发现。"江作良表示，证券市场当时非常混乱，机构投资者的力量较弱，价值投资理念不被认可，在一个完全无效的市场，主动投资获取超额收益的概率较大。

在江作良看来，很多问题放到大的历史背景下看，会比较客观、真实。"时势造英雄，一个人的成功往往取决于历史背景，比如巴菲特这么伟大，他的成功也得益于美国经济近几十年来的高速增长。"江作良表示，香港现在很多有价值的企业在20世纪70年代就是萝卜白菜价，你再有本事也无能为力，"所以，我总告诫自己，不要以为你自己如何了不起，在市场面前，我们都很渺小。"

虽然很成功，江作良却一如既往的朴实低调。有一则在易方达内部流传甚广的故事：2005年，因业绩优异，易方达声名鹊起，江作良俨然成为公募基金价值投资教父级的人物，一次他在南京作演讲，结束后有投资者来向他要签名，江作良提笔写了四个字："做个好人"。

这个故事令听者无不莞尔，从中，我们能够体会到，江作良质朴的本色，并不会因境遇的变化而改变。

辞职风波
开启学佛之旅

然而，一心只想做个好人的江作良，却因为辞职，引起了一场风波。

2008年6月，因在易方达成立前投资过立立电子，而立立电子已过会即将上市，为回避可能存在的利益冲突，江作良辞去了易方达副总经理、投资总监的职务。

很快，有媒体质疑立立电子淘空浙大海纳二次上市，证监会介入调查，立立电子被停止上市，江作良成为风口浪尖的争议人物。

回忆当年，江作良坦率地表示，这一事件在相当长一段时间对自己造成了很大的影响，一方面自己的声誉受到很大的打击，而最让他难受的是影响了企业上市。"后来六部委去查，也没查出什么，但矛盾都集中到一块了，又没有人愿意承担责任，最后的结果就是退市。"

江作良告诉记者，当时真实的背景是：2000年，国家明确下文鼓励科研人员下海成立公司，浙江大学科研基础很好，学校就把软件、半导体、自动化控制三个科研项目凑在一起组成了浙大海纳上市，但这种拼凑的做法带来了后遗症，因为三个项目后面都有院士，都很牛，三部分都想出去自己发展。后来，浙大领导也公开表示高校不应该办企业，并且主张把公司卖掉。

江作良表示，自己对半导体是外行，但很敬佩李立本和阙端麟院士，他们一辈子的梦想就是振兴中国半导体材料产业，也希望能够在做强中国半导体产业中出一点力，就参与了一点。"当时并不存在要捞什么好处，或者占有什么东西的想法，整个过程完全是合法合理的。"江作良说，"后来有些人说我策划了掏空浙大海纳，你想想有这个可能性吗？第一，我只是一个很小的投资方；第二，他们都是院士，都很牛，不可能听我的。"

最终，立立电子还没上市就被退市。江作良最大的遗憾是，李立本与阙端麟院士在半导体方面花了一生的心血，如果上市顺利，立立电子会发展得很好，他们一生的努力可以得到更好的结果。另外，也有助于做强中国半导体产业，现在中国半导体产业仍较薄弱。

对两位老学者的歉意、立立电子其他投资人的埋怨，很长一段时间困扰着江作良。

他开始思考一些更加根本的人生大问题：人生的意义是什么？生命的终极目标是什么？他开始读佛经，读金刚经、华严经等佛教经典，感觉受益匪浅。

随着时间的流逝和不断的学习，江作良从心理上渐渐走出了立立电子事件的阴影。"退一步海阔天空，人生与投资一样，同一个问题，换一个角度去看，就可能大不相同。"江作良说，"从历史的角度、从宇宙的时空来看，即使是一些伟人都很渺小，何况我个人的荣辱，更不值一提。"江作良不再纠结。

佛家讲究行善，不能干坏事，连恶念也不能有。江作良当初提出辞职，是希望对立立电子上市有利，也提前跟易方达领导、证监会领导都报告过，他们也同意。"虽然这样的结果谁都不愿意看到，但我当时的发心是好的，没有邪念，也就心安了。"

如果不是立立电子上市，江作良并没有想过离开易方达，公募基金也不会失去这么一个顶级的投资人才，用世间法来看，这也许是命运的捉弄吧。但从佛法的角度来看，由于有这样的因缘，他才能够看破放下，适时地功成名遂身退，及时开启他的学佛之旅，让生命的质量得到别样的升华。

重出江湖
低调运作

2008 年，也是中国资本市场注定将被载入史册的一年。从 2005 年的 998 点，到 2007 年 10 月 16 日的 6 124 点，上证综指在两年多的时间里上涨了 6 倍多，但在 2008 年，股市在美国次贷危机的冲击之下暴跌，从 2007 年的最高点，到 2008 年的最低点 1 664 点，上证综指下跌超过七成，市场氛围极度恐慌。

有十多年从业经验的江作良，经历过多次股市的大起大落，在泥沙俱下的暴跌中，一些优质股开始走进江作良的视野。他在市场最底部买入了一只医疗器械股，这只股票后来翻了 10 倍。

江作良表示，自己对医药行业的关注，是从 2007 年开始，有一次在飞机上看到了一篇文章，讲述未来人口红利的变化，提出老龄化社会对医药的需求会大大提高。江作良很受启发，找来医药行业研究员，却没能讲出医疗行业增长的逻辑。虽然没能作出买入的决策，江作良开始持续跟踪医药行业，他慢慢发现，药品仍有一些不确定因素，比如医疗体制改革、药品降价等，医疗器械则相对稳定，于是在 2008 年底买入了上述的那只股票。

2009 年，创业板推出，他买入了首批创业板公司中的吉峰农机，创业板股票上市后被市场热捧，吉峰农机开始大涨，在上涨两倍之后，江作良全部卖出。对这家公司，他一直在跟踪，发现它没有达到当初的预期。"这就是主动投资的复杂性，所以，主动投资能成功是小概率。"

2010 年，江作良注册成立了惠正投资公司，他没有特意去发展客户，就是几个互相了解的朋友，拿了一些钱过来做。"都是他们主动找上门来，我也不想搞得太累了。"江作良说。

2010 年，市场环境发生了很大的变化，机构投资者的队伍快速扩容，市场开始变得比较有效，要寻找被低估的牛股，难度越来越高，主动投资已经越来越难以赚取超额收益。就连基本面研究的大赢家巴菲特，也鼓励大家去买指数基金，而不是买主动投资基金。

但江作良却不会放弃价值投资和主动投资，反而在这条路上走得更远，更纯粹。

江作良在投资方面化繁为简，只坚守一个简单朴素的理念，就是找到好的企业，在企业做加法的时候去分享它的成长。"我更看重的是这个企业是不是有创造价值的潜力，如果有，它短期的波动我不在乎，如果没有，就是我看错了，就不应该赚这个钱。"

江作良越来越不喜欢做概念性、博弈的东西，"这是我比较理想化的想法吧，其实也是我投资的局限。"他说。

在投资研究方面，江作良比在易方达时要求更加严谨，对企业、行业的研究尽可能深尽可能透，从不同的角度反复推敲，尽可能降低不确定性，降低失败的可能性。

江作良介绍，惠正投资以做案头研究为主，对重点关注的企业长期跟踪，把公开数据全部排列出来，分拆到每个季度，对比企业变化的合理性，跟自身前后变化对比、跟同行对比，甚至跟国外同类公司比，相当于建了一个企业详细的档案，可以清晰地看到企业发展的轨迹。"企业有新的东西出来，我们马上会把整个档案调出来研究，企业造假，用我们的方法通常也能发现。"对于江作良说，这样做投资，相对比较轻松。

江作良保持了早期喜欢讨论的习惯，每天都开会讨论企业。惠正投资有6个研究员，都是来自港大、中大的学生，在江作良看来，他们都非常优秀。"我们讨论了很多股票，做了大量的积累，但最后买入的却很少。"

对一些热门的行业，江作良也会研究，他先会看这个行业有没有符合自己理念的企业，如果只是一个概念，他只会看看热闹，而不会出手投资。

在江作良看来，投资需要一点点积累，抓一只牛股往往需要很长的时间。比如2012年上半年，在50元附近，惠正投资买入了云南白药。对云南白药，他们跟踪了很长时间，也是逐季分拆季报，直到公司出现跟江作良判断吻合的方向，他才会下决心买入。"但对张裕，我们跟了很久，因为公司没有出现我判断的方向，一直没敢买。”

2013 年初，惠正投资买入了迪安诊断，也是长期跟踪的结果。因为该公司上市时间不长，江作良一直担心它盈利数据的真实性，就长期把公司的季报逐季分拆，分析盈利的合理性，年初公司公告了盈利预测，比较合理，江作良消除了对它的怀疑，大量买入，获利丰厚。

2013 年初，惠正投资低调发行"惠正成长集合资金信托计划"。在接受媒体采访时，江作良说，这次推出产品，团队是其考虑的主要因素，"团队成员都很年轻，都很有冲劲，我希望能够创造一个机会给他们，为他们提供一个展现自己的舞台"。

曾经沧海难为水。从早期最浮躁的股市走来，又经历了辞职风波，江作良对名利已经看得淡看得开。对于现在的江作良来说，管理三五好友的资金，消失于公众视线，是最好的选择。但考虑到团队里的年轻人没有他这么丰富的经历，他们都有自己的人生追求，江作良最后决定发行阳光私募产品，"还是要提供一个端口，让他们能跟市场跟社会对接，让他们实践自己人生的意义，这样可能相对公平一点。"

对于江作良来说，现在做投资更多是希望去实践自己对投资的理解，"我只想做 20 年下来，看看有什么结果。"也有公司想挖江作良，江作良会反问，你能给我 20 年吗？"过去十几年，我给公司做，未来 20 年想给自己做，无论是什么结果，都可以给自己的投资生涯画上句号了。"他说。

在江作良的规划中，惠正投资不会做太大，管理资金规模 10 多亿元就可以了，然后慢慢滚动。"如果做得好，一块钱变成一百块，也对得起团队，对团队成员来讲，也是一场人生经历，可以跟亲戚朋友孩子讲讲了。"

江作良表示，人生就这么简单，"如果他们有更大的理想抱负，也可以去更大的平台发展，我不会阻拦。"

回首向来萧瑟处
也无风雨也无晴

在离开易方达的这几年，江作良在不断思考，生命的意义到底是什么？

他开始花大量的时间来读书，为了探寻生命的意义，他读了一些佛经，渐渐喜欢上了佛学。对江作良来说，学佛最大的收获是，烦恼减少了。从小到大，江作良睡眠都不太好，神经比较衰弱，读了一段时间佛经之后，他的心里渐渐安定踏实下来，不会再失眠。"不讲前世今生，现世报就很好啊。"

江作良现在觉得很幸福，这种幸福来自内心的平静和安宁。在他看来，能够随遇而安，吃得好睡得好，就是幸福人生。

投资是江作良热爱的事业，在过去十几年几乎占据了他的全部生命，有时间静下心来，隔着一定的距离反思过去，他开始重新定位。"投资只是生活的一部分，是一个爱好，一种跟外面世界的交流和学习，也是一种谋生的手段。我相信自己具备这个能力，但不一定要追求很高的收益。"江作良希望能够轻松投资，不能因为投资，把生活搞得很乱，把心情搞得很糟。

江作良坦言，在易方达时压力很大，特别是一些持股集中度比较高的公司，出现结果跟想象不一样的时候，他会很纠结。"基金经理每天都要面对不确定性，虽然收入不低，但精神焦虑，老是睡不着觉，买很多营养品补品也没有用。"他感叹道。

为了让自己能够轻松投资，江作良会做好严密的风险防范，在严谨的分析之上，他坚持分散投资，保留足够的安全边际，就算个别企业关门，也不会对基金的投资收益产生根本性的影响。

一直努力上进的江作良，对结果终于不再执着，"只要心怀善意，认真努力去做，就可以心安了。至于结果，跟能力有关，也跟机遇有关，有很多偶然的因素，没法设定。诸法因缘生，诸法因缘灭。如果天天担心结果，忽略了过程，就真是缘木求鱼了。"对于江作良来说，能够尽心尽力去做好投资，把自己的潜能发挥出来，本身即是修行。

很多朋友听说江作良学佛，以为他看透了，什么都不做了。"这其实是对佛法的误解，在我看来，佛法讲的是一种更加积极的生活态度，是从生命与世界的本源上，追求人生的终极目标，是一种更高远更彻底的积极，但同时也绝不会离开当下的缘起，当下就是要与人为善，尽可能善待身边的每一个人，尽可能认真对待自己做的每一件事。在平常中找到真义，作善作良。"

用佛法的视角，让江作良更加深刻体会到人生苦短，世事无常，因此更要珍惜生命，"像我们到了四十多岁，父母亲人渐渐离去，再过几十年，我们也不在了。人生转瞬即逝，有一些恩怨情仇，真没必要那么在乎。"对于过往的种种纠结，他开始看破放下，渐渐也就自在了。毕竟，最丰厚的本钱就是我们宝贵的生命，最重要的投资就是生命中每次是非善恶的抉择，万法皆空，因果不空。

江作良最欣赏的人物是金庸笔下的郭靖，"郭靖心地单纯，压根儿就没想过去操纵和控制别人，始终坚持传统的道德，一切出发点都是为别人好，因为比较笨也就比较勤奋，没什么贪念，没想过什么绝世武功，只是实实在在一招一式下苦工夫去练。"

淳朴善良的郭靖，最终练成了绝世的武功。而朴素无华的个性，成就了昔日在投资界叱咤风云的江作良，也成就了今日淡泊自守的江作良。